KODOMO NO HINKON, II: KAIKETSUSAKU O KANGAERU
by Aya Abe
© 2014 by Aya Abe

Originally published in 2014 by Iwanami Shoten, Publishers, Tokyo.
This simplified Chinese edition published 2021
by SDX Joint Publishing Company, Limited, Beijing
by arrangement with Iwanami Shoten, Publishers, Tokyo

东瀛世相

儿童的贫困 II
寻找解决方案

[日] 阿部彩 著

朱丹阳 译

生活·讀書·新知 三联书店

Simplified Chinese Copyright © 2021 by SDX Joint Publishing Company.
All Rights Reserved.
本作品简体中文版权由生活·读书·新知三联书店所有。
未经许可，不得翻印。

图书在版编目（CIP）数据

儿童的贫困.Ⅱ，寻找解决方案／（日）阿部彩著；朱丹阳译.—北京：生活·读书·新知三联书店，2021.12
（东瀛世相）
ISBN 978-7-108-07080-7

Ⅰ.①儿…　Ⅱ.①阿…②朱…　Ⅲ.①儿童-贫困问题-研究-日本　Ⅳ.①F113.9

中国版本图书馆CIP数据核字（2021）第019446号

责任编辑	叶　彤
装帧设计	康　健
责任校对	张　睿
责任印制	徐　方
出版发行	生活·讀書·新知 三联书店
	（北京市东城区美术馆东街22号　100010）
网　　址	www.sdxjpc.com
图　　字	01-2019-3828
经　　销	新华书店
印　　刷	三河市天润建兴印务有限公司
版　　次	2021年12月北京第1版
	2021年12月北京第1次印刷
开　　本	787毫米×1092毫米　1/32　印张8.125
字　　数	122千字
印　　数	0,001-6,000册
定　　价	49.00元

（印装查询：01064002715；邮购查询：01084010542）

目 录

前 言

第一章 儿童的贫困现状……………………1
　第一节 贫困儿童的数量………………… 3
　第二节 贫困如何影响儿童成长…………14
　第三节 贫困的社会成本…………………26
　第四节 经济回暖能否消除贫困问题……31

第二章 贫困诸要素…………………………39
　第一节 贫困连锁路径……………………42
　第二节 重要路径…………………………68
　第三节 推动路径与政策对接……………72

第三章 选择政策……………………………75
　第一节 政策选项…………………………76
　第二节 政策效果的测定…………………77

第三节　政策的收益性 …… 89
第四节　对日本的启示 …… 96

第四章　选定实验对象 …… 99
第一节　普惠制度与筛选制度 …… 101
第二节　锁定目标 …… 115
第三节　划定年龄界限 …… 121
第四节　精准扶贫的陷阱 …… 127

第五章　现金支付 …… 129
第一节　关于"现金支付"和"实物支付"的争论 …… 130
第二节　现金支付和实物支付的优点 …… 133
第三节　现金支付的现状 …… 141

第六章　论实物（服务）支付 …… 159
第一节　援助儿童 …… 161
第二节　援助父母 …… 181

第七章　教育与就业 …… 185
第一节　教育费用 …… 186
第二节　缩小学力差距 …… 194
第三节　宽松的校园环境 …… 199

第四节　强化教育安全网…………………………203

　　第五节　援助工作由学校延续到职场……………206

　　第六节　教育和援助从事儿童工作的成年人……210

终章　政策目标：消除儿童贫困………………………213

　　第一节　《消除儿童贫困法》………………………214

　　第二节　测算儿童贫困………………………………217

　　第三节　优先顺序……………………………………225

　　第四节　结束语………………………………………231

后　记………………………………………………………233

主要引用和参考文献………………………………………237

前　言

提出儿童贫困问题倏忽 5 年

　　日本的社会政策研究学者称 2008 年为"儿童贫困元年"。之所以称之为元年，并非儿童贫困问题始发于这一年，而是因为在这一年媒体和政策研究学者将儿童贫困问题拿到台面上，将之公布于众。由此，这一年亦为"发现儿童贫困问题元年"。同年下半年开始，以儿童贫困为主题的书籍相继问世；岁末辞旧迎新的电视台特别节目"跨年救济村"，曝光了没有加入保险的儿童的生活，无保险儿童问题昭然于天下，一系列举措促使相关部门采取行动，问题终于得到解决。2009 年，NHK（日本放送协会）的"NHK 特别报道"和"今日聚焦"等专题栏目相继报道了贫困儿童现状，引发民众普遍关注，从此儿童贫困问题进入大众视野；2011 年 3 月发生东日本大地震，对儿童贫困问题的关注度下降、淡化（笔者认为比淡化程度更加严重）；2013年6月，参众两院全票通过《促进消除儿童贫困法》（即《消除儿童贫困法》）。

日本的儿童贫困问题，自"元年"2008年始，经过5年漫长等待终于守得云开见月明，迎来了相关政策的出台。而这5年，对长期从事贫困研究的人员来说，是期待、失望、再期待的备受精神折磨的5年，这5年我们的研究历程可谓跌宕起伏。

仅在数年前，日本人对"儿童贫困"问题的普遍反应，还只是停留在"发生在哪个国家""在日本不可能有这样的事情发生"的水平上，在如此背景下相关法案得以通过，不得不说其意义深远、重大。听闻国会通过法案的消息的刹那，作为研究群体一员的我真是感慨万千，欣喜之情无以言表，唯由衷感叹："终于等到这一天！"

待激动过后平静下来，一个现实而冷酷的疑问油然而生：解决儿童贫困问题的热度能持续多久？实际操作与法律法规是两个完全不同的概念，对于法律明文规定的，政府必须采取措施予以应对，但在具体实施层面，实际操作时所依据的是"大纲"，而《消除儿童贫困法》的大纲尚在制定中。

"关爱儿童"及"遏制贫困连锁发生"的倡导会得到所有人支持,基本不会遭到反对,并且理念尚处在倡导阶段时也不会产生对立意见,但到了需要拿出具体实施方案及采取实际行动的阶段时,各种对立便此起彼伏、防不胜防。更具体地说,我国的国家预算一半靠的是借款,而需要资金支持的政策措施多如牛毛,那么,其中的儿童贫困问题是否能从诸多亟待解决的问题中脱颖而出?获得优先解决权的胜算又能有多大?真的不容乐观!为此,有人高呼"消除儿童贫困是对未来的投资,必须优先解决",对此有人应对"这个说法没有错。但现如今孩子们的生活比过去的孩子好得多,没必要那么着急""等经济复苏了,这个问题便会迎刃而解"。对消除儿童贫困的认识存在着如此巨大的偏差,缩小、消除儿童贫困意识偏差势在必行、刻不容缓,我们为此付出的努力程度将左右《消除儿童贫困法》的实效性。

政策的取舍

坚决解决问题的刚强意志是不可或缺的。尽管现阶段全民无人不认为必须"倾力解决儿童贫困问题",但对于"怎样的举措可以让儿童脱贫"的质疑,目前尚无确切答案予以回答。现代贫困问题错综复杂,单纯依靠解决温饱问题、完善义务教育,显然是不可能消除儿童贫困的,而内容充实且切实可行的援助方案及阻断"贫困链条"的扶助方法,尚未成熟、成形。

怎样才能保证每个孩子都接受义务教育呢?是增加教师人数,完善课程设置,还是激发孩子的学习热情?而对于那些父母工作不稳定、家庭经济条件差的孩子,应该给予怎样的扶助?对于因母亲工作到深夜而导致经常游荡于繁华街道的单亲家庭的孩子,应该给予怎样的关爱?还有,援助家庭有两种支付方式:现金支付及包含育儿和咨询在内的服务支付,这两种形式哪个更利于孩子成长?普惠制度是否更具有优越性?针对贫困家庭的精准扶贫制度是否可行?此外,还有医疗、教育、餐饮、营养等,面临的问题堆积如山、不一而足。

那么,解决问题的切入点在哪里?理想的政策在哪里?孩子的年龄上限设定到几岁?哪个政策的资金与效果的性价比更高?

我曾有过非常尴尬的经历。我非常幸运地获准到财务省做讲演,机会千载难逢,我竭尽全力介绍儿童贫困问题,声情并茂地强调其不断扩大的严重程度。讲演结束后,全程聚精会神听讲的一位官员走过来对我说:"您讲的内容我都理解了。您能告诉我今后应该怎么做吗？就是说，我们应该采取怎样的政策措施才能解决这个问题？因为我们要确保这个拨款是万无一失的。"对于这位官员的一连串的发问，我一时哑口无言，没能当场给出完美答案，真是难堪之极、无地自容，时至今日仍懊恼不已。这个难忘的经历就是我着手写这本书的最大动力。

遗憾的是5年过去了，我依然没有找到答复这位官员的标准答案，不禁暗暗祈求：不论多么难解的问题，只要将答案写到白纸上便迎刃而解！而现实中，大多社会问题是没有现成答案的。有关消除儿童贫困的具体政策，不只我本人拿不出完美方案，就连政府机关和教育家、经济学家等专家学者也是束手无策。

所幸国外在消除儿童贫困方面有着丰富的实践和积淀，如今日本也开始积极行动起来。本书集中了有关儿童贫困问题的海内外所有研究成果及观点，当然其中难免夹杂未成熟的见解和观点。刚起步的日本与国外相比，缺少这方面的学术批评，因此，书中的观点多来自国外研究成果。此外，国外的实践经验是否适合日本，其效果尚待考证。对于上述诸多问题的解决方案，本书列出了多种选项并对其利弊逐一阐述。不过，确定一项万全的解决方案不是一件容易的事情，对此读者一定深感困惑，在此借用本书的出版负责人、岩波书店的上田麻里女士的一段话答复各位："这是一部激发读者思考的书。"以此书为媒，希望激发读者深入思考消除儿童贫困问题并同我一道寻找解决对策，更希望众人努力推动日本的儿童扶贫政策日臻完善。

本书共分8章。第一章，前半部分介绍儿童贫困现状、贫困的影响，后半部分是学术界关于贫困的社会成本、经济发展产生减贫效果的相关观点。第二章，贫困的成因。对成因的分析尚没有结果，但相关的研究不曾间断，相信不久的将来定会有成果呈现，解决方案也将会得到完善。第三、第四章为社会政策的方法论，阐述如何从众多选项中甄别出最佳方案（第三章）、如何选定政策实施的对象（第四章）。这两章的内容是制定社会政策实施方案时必不可少的"工具"，制定脱贫政策之际当然也离不开这些"利器"。这些内容偏于严肃、刻板，希望读者沉下心来读进去。第五、第六章，介绍现金支付和实物（服务）支付，是本人为儿童脱贫政策设计实施方案时的创意。第七章，教育与就业的政策。将教育政策和劳动政策纳入儿童脱贫政策时，应做哪些取舍？该章就这个问题进行尝试性探讨。终章，为配合《消除儿童贫困法》的成立、实施，围绕测算儿童贫困指数的义务，介绍国外相关测算方法等，并概括和总结第三到第七章中涉及的对相关政策的建议。

书中所有观点均为笔者个人见解，与笔者所属组织机构和团体无关。

第一章 儿童的贫困现状

有关儿童贫困存在两个疑问：日本的儿童贫困现状如何？贫困环境对儿童的成长有何影响？

首先，用助学金领取率和相对贫困率来回答第一个疑问，就是这两个指标显示日本"儿童贫困在扩大"；用最新统计数据回答第二个问题，贫困的负面影响不仅限于学力和学历上，具体内容请参考已出版的《儿童的贫困——对日本公平的思考》（岩波新书，2008）。本书有新观点，希望读者继续关注本部新作。

此外，对贫困置之不理与放任自流，结果必定给社会造成巨大损失，对此，已有数位专家阐述过真知灼见，本书也做了相关观点的介绍。了解这些观点可以让大家清楚地意识到：从社会利益角度看，贫困不仅给儿童和家庭带来诸多难题，也给整个社会造成了不小的损失。

最后，经济回暖是否能消除贫困？对于这个疑问，本书用数个学术观点作答。如果经济复苏能驱散贫困，我想就没有必要制定扶贫政策，那么终章也有狗尾续貂之嫌。显而易见，"经济回暖是否能消除贫困"的答案是否定的，各位读者通过此书可以了解到相关论证。

第一节　贫困儿童的数量

助学补助领取率为 15.6%

欲准确掌握日本的儿童贫困率，需查阅行政数据中的助学补贴领取率。这个助学补贴制度是针对低收入家庭儿童的义务教育而设置的，具体实施方法是，国家和地方政府向学校支付配餐费、学习用品费、修学旅行费、家长教师联谊会（PTA）会费等。这个补助制度对申请者的收入有严格限制，审查程序也十分严格，所以此数据的可信度很高。对于收入上限，每个地方政府的设定不一，不同地区有高低之分，但整体处在生活保障制度规定的最低生活保障金的 1.1 倍至 1.3 倍之间。最低生活保障金（夫妻养育一个孩子的家庭）设定，东京都区内的每月额度为 166810 日元，其他地方政府为 133120 日元，可见，领取助学补贴的孩子的家庭收入近乎贫困水平。不敢断定收入水平处在申请标准之下的家庭都能享用这个制度，况且估算的数据也有偏低之嫌，但无论如何，助学补贴领取率的确反映出儿童贫困的规模，是了解儿童贫困规模的有效方法。

近几年助学补贴领取率的增速有加快的趋势。以公立中小学为例,1997年的领取率为6.6%,2012年飙升至15.58%(图表1-1);按地区划分,大阪府最高为27.39%,静冈县最低为5.98%;在小行政区里,有的地方甚至高达四成(文部科学省,《都道府县市町村的教育及社会经济指标数据》)。在公立中小学,每6名学生中就有1名学生的家庭收入低于领取限制水平,儿童贫困已经渗透到普通家庭(未在统计范围内的私立中小学,小学生领取率1%,中学生领取率7%,享

图表1-1 就学援助费领取率示意图

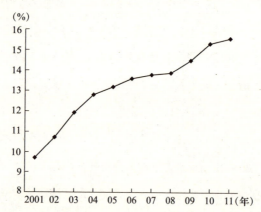

注:在公立中小学学生人数中的占比
出处:文部科学省(2013)

受助学补贴的孩子在同龄孩子中占比虽没达到公立中小学的15.58%，但数据已无大差别）。

相对贫困率

助学补助领取率受多种因素影响，如各地方政府设置的收入上限各不相同，收入限额本身上下浮动，具备领取资格但不知道制度存在而未申请，等等，各种因素不一而足，因此，用助学补助领取率测算出的贫困指标是缺乏精确度的。与此相对，相对贫困率是根据更成熟的统计学方法测算的，只要有家庭收入数据就可以进行测算，并且还可以使用厚生劳动省的《国民生活基础调查》和总务省统计局的《全国消费实态调查》等大规模公共调查数据。相对贫困率调查采用的是抽样调查形式（在全国范围内任意选取一定比例的人数后进行数据采集的形式），所覆盖人数少于学费补贴领取率等所覆盖的人数。尽管如此，其所具有的高精细度和准确度的特征是高可信度的保证。具体核算方法请参考终章内容。

相对贫困率被经济合作与发展组织（经合组织，OECD）、欧盟、联合国儿童基金会等国际组织广泛采用，也被许多发达国家视为官方贫困标准，是最具普遍性的贫困指标。使用相对贫困率无疑利弊共存，但它仍不失为准确掌握贫困的"量"和"动态"的指标之一。多数发达国家将相对贫困率作为官方统计数据公布于众，而与此相反，日本政府在过去很长一段时间里没有这方面的数据公布。

日本厚生劳动省于2009年10月公布依据《平成19年（2007）国民生活调查》推算的相对贫困率，这是日本政府首次发布相对贫困率。两年后的2011年7月，政府推出最新贫困率和贫困率趋势表。最新贫困率依据的是《平成22年（2010）国民生活基础调查》中2009年的数据；贫困率趋势表所示时间为1985年至2009年（厚生劳动省，2011），其具体数值如图表1-2所示，实线代表全民相对贫困率，点线代表未满18岁者的相对贫困率。如图所示，儿童贫困率由1985年的10.9%升至2009年的15.7%，与学费补助领取率相比，其上升速度尽管相对缓慢，但自上世纪80年代始明显加快且持续时间长达20年以上，2009年的相对贫困率与学费补助领取率已接近，几近重叠，由此推测，在这一年六七名孩子中就有一人处于贫困状态。

根据上述图表可以得出以下三个结论。其一，早在1985年日本的儿童贫困率已高达10.9%。时值泡沫经济强劲的时

图表1-2 相对贫困率走向示意图

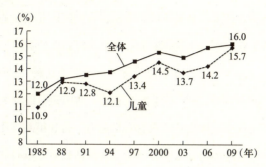

出处：厚生劳动省（2011）

代，有谁会意识到贫富差距的存在，所有人都认为当时的日本与贫困无缘。同志社大学的橘本俊昭教授所著的《日本的经济贫富差距——收入与资产的启示》（岩波新书）成为畅销书是在10年后的1998年，全社会从这一年开始意识到原来自己的国家也是一个有贫富差距的国家。1985年日本人深信自己生活在平等的国度里，即便现实是10个孩子中有1人陷于贫困，可以说，日本的"儿童贫困"绝不是雷曼冲击带来的新社会问题。其二，1985年至2009年的儿童贫困率虽时高时低，但总体是持续上升的。在这十多年间日本经济有起有伏，呈波浪状发展，但儿童贫困率和国民整体贫困率则是一直呈上升状的，这表明造成贫困率上升的因素不仅限于经济。其三，儿童贫困率的上升速度快于社会贫困率的上升速度,至2009年两者已基本持平。日本社会一直以来普遍认为贫困只发生在老人群体中。有工作、有收入的家庭失业率低不可能发生贫困,孩子们怎么可能陷于贫困?除非属于母子单亲家庭这种"特殊情况"(被认为是特殊情况)。社会普遍认为:贫困只可能发生在退休金少甚至没有退休金且"没有劳动能力"的老年人群及残障人群中。基于这种认知水平,被确定为生活最低保障制度的扶助对象的绝大多数为老病残及母亲抚养孩子的母子单亲家庭。按年龄段观察,中老年女性的贫困率较高,在男性中未满25岁的贫困率高于65岁以上的贫困率(图表1-3)。

这表明在人的一生中,儿童期是贫困风险最高的阶段。这个问题很严重,因为儿童期的贫困就如同一道伤痕深深地印刻在人的一生当中,挥之不去。身处贫困环境中的孩子,在其成长过程中所面临的低学力、低学历、易生病以及纠缠一生的贫困等诸多风险,远远高于正常经济环境中的孩子。统计显示,儿童期经历过贫困的成年人不仅工资低,劳动效率也低,造成了巨大的社会经济损失。诚然,老人贫困问题的严重性是不容置疑的,但儿童贫困带给社会的冲击波,其威力之强超乎想象,不容忽视。

图表 1-3 贫困率（年龄段 性别）(2009)

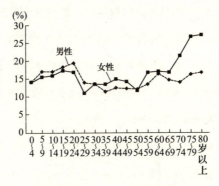

出处：内阁府男女共同参与会议基本问题与影响调查专门调查会女性及经济工作小组资料

国外儿童贫困率

日本的儿童贫困率不比世界各国低。联合国儿童基金会于 2012 年预测，21 世纪上半叶日本未满 18 岁者的贫困率在 35 个发达国家中排在第 9 位。不过需要注意的是，这 35 国中既有美国也有墨西哥，国家实力悬殊，若在人均 GDP 超过 3.1 万美元的 20 个发达国家中，日本的排名则飙升至第 4 位，属于儿童贫困率高的国家（图表 1-4）。日本 14.9% 的儿童贫困率虽然低于 23.1% 的美国，但远远高于不到 5% 的冰岛，5%—10% 的芬兰、德国以及法国等国家（联合国儿童基金会与日本厚生劳动省的相对贫困率计算方法略有差别,故相关数据有所出入),尤其醒目的数据是,2009年厚生劳动省的资料显示,日本单亲家庭儿童的贫困率高达58.7%,在经合组织成员国中排末位(图表1-5),因为在日本,母子单亲家庭占单亲家庭的半数以上,其贫困率远远高于父子单亲家庭。

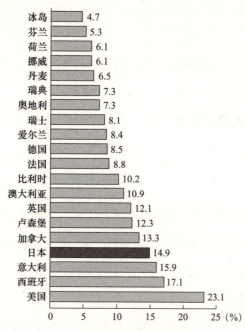

图表1-4 G20各国儿童贫困率

出处:联合国儿童基金(2012), *Measuring Child Poverty:New League Tables of Child Poverty in the World's Rich Countries*

图表 1-5 单亲家庭贫困率的国际比较

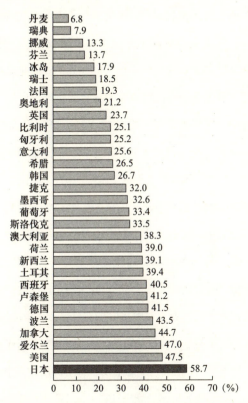

出处：厚生劳动省（2009），《关于发布有工资收入同时养育子女的家庭成员相对贫困率的说明》报道资料，2009年11月13日

贫困率高的家庭模式

单亲家庭的儿童贫困状况堪忧。母子单亲家庭贫困率超过50%，父子单亲家庭贫困率超过30%（图表1-6），这组数据虽然比欧美单亲家庭的贫困率低，但令人不安的是呈现年年上升的趋势。厚生劳动省的调查结果显示，全国母子单亲家庭约有124万户，父子单亲家庭约有22万户（厚生劳动省，《平成23年度（2011）全国母子家庭等调查》），全国有孩子的家庭有1180万户（厚生劳动省，《平成23年（2011）国民生活基础调查》），即约12%、近八分之一的孩子生活在单亲家庭中。这个比例充分说明单亲家庭绝非个别现象而是已普遍存在。

在日本，母子单亲家庭的就业率是高于其他发达国家的，但却逃不出"越劳动越贫困"（工作收入不足以摆脱贫困线）的日本式贫困魔咒。问题出在哪里？出在日本劳务市场的结构上。庞大的劳动大军的受雇身份是廉价的非正式职工，母子单亲家庭八成以上的母亲虽然在工作，但在日本社会聘用体系中很难成为正式员工，超半数的母亲只能靠打零工保证收入、维持生计；另一方面，即便以正式职员身份入职，职场上也很难保证男女职员同工同酬。母子单亲家庭的年均收入为181万日元，如果有

图表 1-6 未满 18 周岁孩童的相对贫困率（2009）

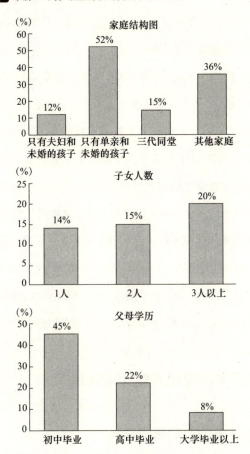

出处：内阁府男女共同参与会议基本问题与影响调查专门调查会女性及经济工作小组资料

其他家庭成员收入，如同居的外祖父母的收入和年金、子女的打工收入以及政府发放的育儿补贴等，年均收入最高可达到291万日元；父子单亲家庭年均收入约455万日元，不算高（厚生劳动省，《平成23年度（2011）全国母子单亲家庭等调查》）。

另外，还有一个值得注意的现象，3个孩子以上的家庭贫困风险较高（图表1-6）。1个孩子的家庭和2个孩子的家庭的贫困率几乎相近，但3个孩子以上的家庭的贫困率则高达20%，家庭开支窘迫的问题凸显。

家长的学历（家庭内最高学历）与儿童贫困之间关系密切，学历高低带来的贫富差距一目了然（图表1-6）。家长最高学历为中学（即中国的初中。——译者注）毕业的家庭，儿童贫困率为45%，接近半数；家长的学历在大学本科以上的家庭，儿童贫困率仅为8%。这几张图表也显示了"贫困连锁性"的存在。

第二节　贫困如何影响儿童成长

令人不寒而栗的贫困现状

第一节介绍了学费补贴领取率和相对贫困率的数据，确定儿童贫困规模在不断扩大,本节将关注儿童贫困的"深度"。有人认为,贫困儿童没有受到饿死、露宿街头(不能断言完全没有,即便有也只是个别现象)的威胁,所以,相对贫困率和学费补贴领取率所反映的,只不过是"与其他孩子相比较"经济条件较差的孩子的比率而已,并不构成社会问题。这个观点的画外音是:这些孩子虽然过着物资匮乏的日子,但能够按部就班接受义务教育,只要努力学习,还是有成功的希望的。

但是,现代家庭的经济条件与孩子成长的各种指标之间存在着密切关系。教育方面,父母的收入与孩子的学力成绝对正比(图表1-7),家庭经济条件符合生活最低保障政策及儿童养护中心的孩子学力极其低下,即便顺利升入中学、高中,依然不会背诵九九乘法表和做简单的算术计算。曾几何时,国人深信日本是世界上教育水平最高的国家,可现实是,进入21世纪的日本,不具备义务教育阶段最基本学力的孩子逐年增多。健康方面,贫困阶层的孩子与非贫困阶层的孩子,健康差距越来越大(图表1-8)。图表1-8是1岁至6岁儿童到医院接受哮喘治疗的比率,坐标横轴为家庭收入,由5个分段构成,分段越低家庭收入越低,在第一分段与第二分段

图表 1-7　学力差距：父母的收入与子女的学力（小学 5 年级）

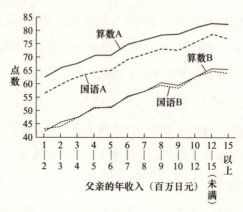

出处：耳塚（2009）

图表 1-8　健康差距：哮喘患者到医院接受治疗的比率（不同收入层）

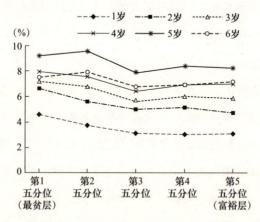

出处：耳塚（2009）

（最穷分段）中，1岁至5岁的儿童到医院就医的比例有明显的差距，6岁时差距变小。

全国中小学的保健教职工团体将那些不去医院治疗伤病的、经常空腹上学的孩子数据汇编成书面报告《保健室里的贫困儿童》（全日本教职工工会保健教员部，2009），报告中收集的校园实情触目惊心，孩子们的处境之悲惨令人痛心不已。在此介绍几个实例。

*学生哮喘发作，校方电话联系不上家长，家里的固定电话停机，父母双方的手机也都停机。终于等到父亲过来接孩子，却只带来氧气袋，哮喘药之类的完全没有，父亲带着孩子离校后是否去医院不得而知。总之，这位父亲也是患病在身，没有工作，一直拖欠孩子的午餐费。因欠费，孩子也一直无法参加戏剧观赏课及远足等集体活动。在学校老师面前，这个孩子却为维护父亲的颜面极力辩解，闭口不谈"没有保险证无法去医院治病"的实情。

*近3年来，暑假期间变消瘦的孩子在增加。暑假期间营养不足导致的可能性很大（个别孩子的营养源只靠学校配餐）。

　*我就职的高中，领取最低生活补助的家庭占42%，单亲家庭占50%。有的学生32颗恒齿中已有20颗成蛀牙但一直没有治疗，有的学生视力降至0.06也不配近视眼镜，这些学生的家长为还债疲于奔命，哪里有余力领孩子到医院看病？还有，当家庭生活陷入窘境时，最先砍掉的就是医疗费。

2008年秋，全国15岁以下没有健康保险证的孩子约3万人，对此政府第一时间采取了措施予以解决，但自费部分费用高，若放弃治疗，痼疾得不到根治。为此，不少地方政府以发放补助金的形式减少患者负担。这种运作方式不尽如人意的地方也不少：医药费需要垫付，孩子就医时父母仍然要携带现金，孩子的年龄受限制，等等。部分孩子依然因费用问题无法接受医疗服务。

根据《儿童贫困白皮书》编辑委员会（2009）等方面的资料，儿童福利院里的孩子们的身世都隐藏着一段遭抛弃、被虐待、逃学等不堪往事。诚然，任何家庭都潜在着孩子逃学、虐待孩童等风险,但父母没有稳定工作和收入的家庭的风险更大。

更令人担忧的问题是,贫困会扼杀(抹杀掉)孩子的自我认同感及对未来的憧憬。我曾经在A市对中小学生进行问卷调查,结果显示,在回答"对未来没有梦想"的小学5年级学生中,父母收入越低者比例越高(图1-9)。隶属国际非政府组织的日本儿童保护组织,2010年对儿童福利工作

图表1-9 5年级学生回答"对未来没有梦想"的比率及理由(不同阶层家庭收入差距)

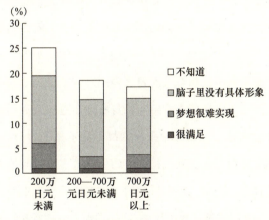

出处:阿部彩、埋桥孝文、矢野裕俊,《大阪儿童调查 结果概要》,2014年3月

者进行问卷调查,结果显示贫困对儿童心理造成"没有自尊心""没有安全感""自我认同感低下""情绪不稳定""对未来不抱希望"等负面影响。

岂止是学力问题

相对贫困的恐怖之处在于,其危害岂止是拉大了孩子间学力和学位的差距,比如,贫困儿童无缘校外补习学校、私立学校,没有朋友、玩具、游戏机等,这些只是表面看得到的问题。

更恐怖和更尖锐的问题藏在暗处,如同恶狼猛虎无时无刻不伺机扑向贫困儿童,而这些看不见、摸不着的问题不是"忍耐一下下""努力一下下"就能克服和解决掉的。国外最新研究成果显示,相对贫困最恶劣的影响在于父母的焦虑和充斥家庭的焦虑氛围,它给儿童身心健康造成极大伤害。家庭的深度焦虑、家人的紧张情绪都不利于孩子的身心健康,甚至滋生虐待行为。现代社会中的焦虑大多来自与他人比较而生的自卑、绝望,还有长期的经济窘迫等,不幸的是这些因素都与贫困有着千丝万缕的关联。"别人怎样看我?怎样评价我?"这种对他人目光的介意影响一个人的精神状态及身体健康。儿童世界也不例外，家里没有专用学习桌、生活不稳定会导致孩子学力低下；没有游戏机、着装破旧会遭欺凌、嫌弃，导致孩子自我认同感受挫、丧失自信、厌倦生活。恶性循环过早出现在儿童时代的罪魁祸首，便是儿童期的贫困经历。

最近几年流行给人生贴上"胜组"或"败组"标签的做法，社会普遍接受"堕落到败组的人是因为自己不够努力"的论调，但是，认可这种观点的人是否意识到：如此生活环境只能让贫困者更加焦虑。贫困意味着"缺乏最基本生活所需的金钱"、日常用品匮乏、担心"下个月交不起房租"，有如此捉襟见肘、忧心忡忡的家庭状态，父母根本就做不到生活安稳，还要被强行贴上"败组"标签，可谓雪上加霜、祸不单行，贫困者在无端遭受来自物质和精神两方面的打击。

成年后的阴影

儿童期贫困产生的不利影响不会终结于儿童期，它要延续到成年，甚至可能纠缠一生。

欧美国家的儿童研究一直采用跟踪调查方法，一个项目往往持续十多年，相关资料也是非常丰富。很多研究报告称，儿童期的贫困经历与成年后的学历、工作、收入、犯罪等有着密切关联，特别是0～6岁婴幼期的贫困深深地影响孩子的一生。日本没有类似美国的长期跟踪调查研究，一直以来以调查问卷的形式掌握儿童期的成长信息，近几年的数据印证了儿童期贫困阴影笼罩成年的论点。

小盐隆士等一桥大学的教授们采用"日本版综合社会调查"（JGSS）进行社会调查，规模大、范围广，调查结果具有代表性。调查结果显示，15岁时的家庭经济状况影响成年后的经济实力。（Oshio，Sano & Kobayashi 2010）国立社会保障人口问题研究所于2007年对近17000人展开调查，在回答15岁时生活状态的答卷中，将回答"非常苦"和"有点苦"的人与回答"还可以"的人比较，前者即使是在今天，"没有让家人吃饱喝足的经济能力"的风险也是后者的3倍，"没有能力购买衣物"的风险是后者的3.5倍，"放弃需到医院就诊的治疗"的风险是后者的3倍（图表1-10）。

连锁贫困

儿童期贫困的阴影将一直投射到成年后的生活水平、从

图表 1-10 15岁时的经济状况与现今生活困窘的关系（20~59岁）

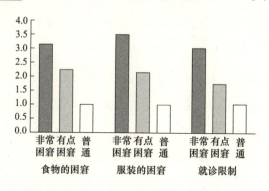

注：设定普通为1时的风险倍率
出处：阿部彩（2011）

业状态上，并且这种"劣势"会自然而然地遗传给下一代。靠最低生活补助金为计的家庭的孩子，成年后成为最低生活补助金领取者的比率很高。《长崎新闻报》2013年6月14日报道，长崎市领取最低生活补助金的18岁至39岁人群中的四成，在孩童时代（未满18岁）靠最低生活补助金生活，神奈川市96个孩子所在的家庭领取最低生活补助金，其中约占16%的15个家庭的家长在孩童时期就依靠最低生活补助金。全国的最低生活补助金领取率长期低于1%，因此，这两座城市的领取率是相当高的。

此种连锁贫困并不是什么新鲜事，不值得震惊。社会学界对父母与子女所处的阶层、学历及职业的密切关联现象早有认知。根据大阪大学吉川彻的分析结果，大学和大专毕业生的母亲，大学学历占66%，中学学历只占14%（图表1-11）。此外，令人震惊的现象是学历与职业传承的关联度在逐年加深，因为从"二战"前到经济高速增长期为止，父母与子女之间并不存在明显的阶层传承关联性。对近年研究进行点评的盛山和夫先生指出：在年轻人群中，高层的白领与蓝领之间的阶层开放度即不同社会阶层间的移动率，一直趋

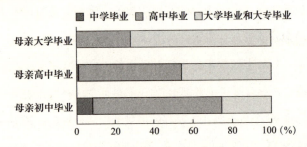

图表1-11　母亲的学历与子女的学历（20~40岁）

出处：吉川（2009），"学历分断社会"，见《儿童贫困白皮书》，明石书店出版，笔者绘制

向低水平。

学历方面的研究结果也显示近年各个阶层间呈现封闭化及固化。吉川彻先生认为大学毕业与非大学毕业之间的分界曾一度消失,而今这种平等进程已经停止,希望彻底铲除横亘在各阶层间的屏障的目标已经变得渺茫无望,在今天的年轻人中,每个阶层的各个指标都明确指向封闭化。日本曾一度朝着消除贫富差距、机会平等的社会迈进,但目前这个前进方向已发生逆转。

"机会平等"

谁人不说"不允许连锁贫困存在""必须保证机会平等"。大多数人认为家庭、种族、地域等不利条件不应该限制一个人的一生,也很少有人反对"在人生起跑线上人人平等"的"机会平等论"。暂且不论竞争结果如何,竞争本身应该在"平等"原则下展开这个价值观是得到整个社会认可的。问题是现今的日本非但不存在"机会平等",甚至人们深信不疑的人人均享的医疗服务和义务教育,长期以来也没有达到所有孩子都在享受的水平,有大量数据支持这个结论。正因为越来越多的人意识到这个问题,《消除儿童贫困法》才得以通过、成立。

那么，改变"机会不平等"需要多少社会资金成本？为计算"机会不平等"的市场价值，需先假设国家放任贫困问题扩大招致社会损失并测算出损失量。下一节详细说明贫困的社会成本。

第三节 贫困的社会成本

贫困的社会成本高达 1 亿日元？

许多国家将"贫困的社会成本"作为发放补助款项的依据。假设对孩童 A 君的贫困放任不管，任其发展，原本 A 君能像其他普通孩子一样顺利完成学业，得到施展才华的机会，成为著名科学家或成功商人或平均线上的普通劳动者，但是因贫困且没有得到贫困补贴而导致高中退学，那么，此后的 A 君只能从事简单劳动，工作不稳定，工资只能达到免征税的低水平，无从谈论缴税及缴纳社会保险，甚至有可能靠最低生活补助金过活。此外，考虑到贫困层人群的体弱多病概率高于非贫困层人群因素，A 君接受医疗服务的可能性很大，国家和地方政府负担的医疗服务费为7%，而支付给A君的医疗服务费则达10%。相反，如果国家在A君幼年时便开始早期介入，帮扶他（她）提高摆脱贫困的能力，便可省掉生活补助金和医疗费的追加部分。可见，消除儿童期贫困很大程度上是需要资金等的"支出（Pay）费用"支持的；相反如果对儿童期的贫困听之任之，其结局是"高价回购"的可能性很高。这就是"贫困的社会成本"。

2010年，我受厚生劳动省委托核算消除儿童贫困所需费用。尽管为场景模拟但核算结果非常耐人寻味。设定主人公A君18岁，高中退学后接受了2年职业培训，这2年的生活费由生活最低保障制度提供支持，课程设定参考了美国的"职业计划"，内容更加充实，要求更加严格。A君顺利完成学业并被某公司录用为正式职工，顺利工作到65岁退休，那么，这数十年间A君缴纳了多少税金、社会保险呢？设定工资是正式职员工资的平均值，且每年有一定额度的上浮，从20岁毕业到65岁退休之间所缴纳的税费、社会保险费等合计约在今天的4500万日元至5100万日元之间，而18岁至20岁的2年间国家所支付的培训费和生活补助金，合计仅约为今天的460万日元，由此对A君的投资产生了约

> **"职业计划"（Job corps）制度**
> 1964年美国设立年轻人职业培训制度。16岁至24岁的高中退学的年轻人（三成是公共补助金领取者）可以进入住宿制学校接受再教育，学习职业培训课程，最长3年。这里的培训是综合性的，年轻人接受就业指导，重新学习高中课程，甚至学习待人接物的礼仪，截至2006年累计有200万人毕业，投资回报率高达10.5%。

4000万日元的利益。但是，假设A君没有接受职业培训，并且20岁到65岁之间一直靠领取最低生活补助金生活，那么，政府的支付费用高达5000万至6000万日元。显然，如果不对A君进行早期"投资"，那么加上支付生活补助金等方面的"资金成本"，社会最终为漠视A君贫困的行为付出近1亿日元费用。当然，接受职业培训的A君的生存状态是最理想的，或许现实生活中的A君即便顺利完成职业培训后也未必被录用为正式职工，再或许接受培训期间没有享受到生活补助，以此条件假设A君的职业生涯都是以非正式职工的身份度过的，那么所缴纳的税费、社会保险金在2400万至2700万日元之间，仍是一笔比较划算的"买卖"。相反，高中退学后的A君在没有接受职业培训的条件下，从20岁开始以正式职工的身份工作到65岁（现在的劳动市场几乎不可能存在），那么，最终的结果是社会只负担了A君的生活补助费用。

从长远看,社会为消除儿童扶贫预支了不菲的费用,但这个支出是对未来的投资,它足以照亮社会、照亮未来。

贫困的社会成本内容

欧美各国估算"贫困的社会成本"时,将贫困者的犯罪风险,甚至犯人入狱期间的费用也考虑在内。日本的统计制度不含贫困者犯罪率高于非贫困者的数据,因此估算成本时没有这部分内容。不过,因放任贫困而导致社会成本增加的因素除犯罪外还有其他,如贫困层孩子接种疫苗的比率低于非贫困层孩子,如果患上相关疾病,那么恶化的概率自然高,医疗费用随之增加。在制定消除贫困政策的过程中,有必要认清这个无形的、长期存在的成本问题。

问题一,日本是否完善了用于估算成本的数据和组织机构?为失业者和贫困者开设的现有的职业培训,规模小且内容有限。可以说根本没有能够既担负孩子生活起居又同时实施再教育的一揽子培训,与美国式综合性的"职业计划"相差甚远。

更值得注意的一点是,日本没有有关职业培训"成功率"

的系统性统计数据,迄今为止,很多相关政策实施后的行政数据,只是机械地记录了受训人数,鲜有完整的培训效果统计数据;即便有所谓的培训项目完成后的数据记录,也仅仅是就业率,并没有后续工作的数据。我国的相关研究以此数据测算模拟样本,设定A君完成培训课程后顺利被录用为正式职员,并一直工作到65岁退休(虽然大多人认为这种假设过于理想)。此外,对非正式职工也进行了测算,设定条件为工作到65岁后退休,实际上,这种理想状态的样本在现今的劳动市场是不可能存在的。

问题二,职业培训等政府服务项目的"成功率"是多少?

尽管培训课程和内容相同,但受运营机构、个人资质、学习热情、劳动市场等因素影响,各培训机构的成功率大相径庭,况且确定"成功率"本身就是一件很难做到的事情。

因没有"成功率"的完整数据,所以根据各种假设而概算出来的贫困社会成本数据,成了我们研究者的唯一依据,所以,为进一步接近理想的社会效益,不仅要分析好的样本,也要剖析差的样本,在有限的条件下做到最大程度的客观、真实。

第四节 经济回暖能否消除贫困问题

发达国家的 30 年

有观点认为：即便没有类似的职业培训，只要经济走出低迷状态，经济运营得到改善，那么贫困现象自然就会消失。这种观点的持有者深信："经济刺激政策""促进经济发展"高于一切，而优渥的福利政策会拖累经济发展，国家资金拨款不应继续增加福利投入，应向经济倾斜。这个观点的思路是：经济发展红利首先由富裕阶层享受后，缓慢地、一点一点地向贫困层渗透，也就是说待经济回暖后，劳动者获得加薪，父母的收入会随之水涨船高，儿童贫困问题的解决便不费吹灰之力。

学术界称之为"滴漏理论"，它在经济学界长期得到认可，即经济发展成果如同水滴会不断向下滴落，发展红利也会如同水滴自上而下、一点一滴地垂直滴落，慢慢扩展，最终惠及全社会。"滴漏理论"在某种程度上适用于发展中国家，毕竟其人均 GDP 的提升可以提高贫困人群的生活水平，但遗憾的是这个理论完全不适合发达国家。

著名社会学家雷恩·肯沃西（Lane Kenworthy）锁定1979年至2007年的17个发达国家（因日本没有提供相关数据，故不包括日本），分析其30年GDP的波动与最贫困阶层（将收入划分为10个阶层，最下方的第1层为最贫困阶层——家庭收入处于最低水平10%的人群）之间的关系，并将两者关系特征鲜明的6个国家列出表格（图表1-12），其中最贫困阶层收入随GDP上升的国家有瑞典、爱尔兰、英国，最贫困阶层收入并没有因GDP上升而明显好转的国家有美国、德国、澳大利亚。这些国家最底层的人群，不仅收入没有随经济发展而有较理想的提升，甚至滑向更加贫困的深渊。

如此差距的产生源于何处？肯沃西将最贫困层人群的收入源分为三部分：劳动所得（工资等）、政府支付的各种现金补贴（年金、最低生活保障、儿童补贴等减去纳税金额、社会保险费用等所剩金额）和其他市场所得（储蓄利息等）。图表1-13为最贫困层人群30年间收入变化示意图。所列国家最贫困层人群的劳动所得均没有上涨，而所得增加的国家不是因为劳动所得而是因为政府调高了现金补贴额度（瑞典、

图表 1-12　GDP 与国内最贫困阶层 * 收入的关系

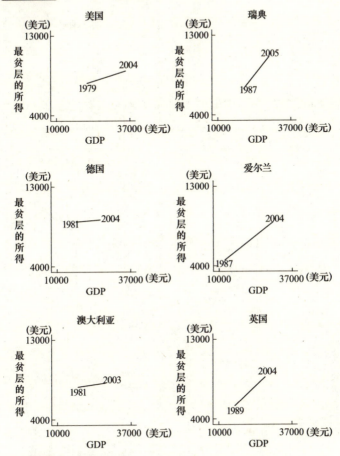

*10% 最低收入家庭的成员

出处：Lane Kenworthy (2011), *Progress for the Poor*, Oxford:Oxford University Press, Figure2.1

图表1-13 最贫困阶层收入的30年变化

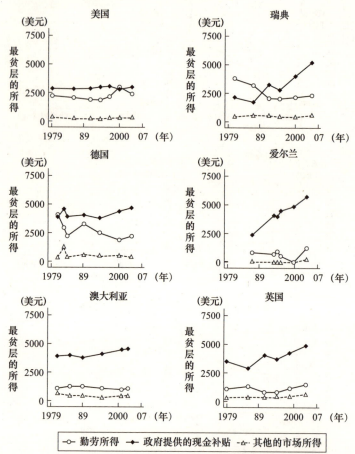

出处：Lane Kenworthy (2011), *Progress for the Poor*, Oxford:Oxford University Press, Figure2.2

爱尔兰、英国属于此列），所得持平的国家是因为政府发放的现金补贴额度维持不变（如美国、德国、澳大利亚）。

透过现象看本质。那么，这个现象后面的深层本质是什么？

先进国家经济发展的红利，并没有通过市场自然流入社会底层并惠及贫困阶层。其中美国在一段时间内呈现繁荣景象，就业机会增加，工资上涨，但占全国人口10%的最底层人群并没有享受到这个发展红利。可见，要想实现经济增长与最贫困阶层的收入增加的联动，就需要一套可行的政府现金补贴机制。但也并不尽然，因为即便是瑞典这样的高福利国家要实现最贫困阶层收入的增加，也并非完全依靠政府大幅提高福利。从GDP层面分析，没有增加社会补贴等福利而最贫困层收入得到增加，原因在于社会补贴率等福利水平与GDP水平持平，最贫困阶层所领取的补贴随GDP增长而增长。

给予日本的启示

肯沃西的研究范围没有涵盖日本，令我不敢贸然断言日本经济好转是否有助于消除儿童贫困，有数个不利因素可以印证我的犹豫和摇摆。

首先回顾一下儿童贫困的时间表（图表1-2），在1985—2000年经济曾一度出现短期景气，即1986—1991年的"平成景气"，这期间的贫困率虽有高低起伏但整体是上升的，也就是说，无论经济好转与否，贫困率上升的趋势没有变化。

不能将希望寄托于经济增长的另一个因素是，肯沃西研究的对象均是高福利国家。这些国家用于再分配的财富，随着景气范围的扩大、GDP的上升而增加，与此相反，日本在GDP增长期间给予贫困阶层的拨款额度相当有限。日本原本就是一个扶贫力度小的国家，即便到了随着GDP增长强化了扶贫力度的今天，还是难以收到理想的减贫效果。

面对这些不利因素，有谁还能奢望日本发生"滴漏效应"吗？

《资本主义之谜——"零增长时代"的生存之道》是经济学家、日本大学教授水野和夫先生与曾经是京都大学教授的社会学家大泽真幸的对谈集，在这里水野教授指出：进入上个世纪90年代后，消除贫富差距已成为日本不可能完成的任务。对于两位学者基于资本主义历史的讨论，我自愧有限的学术能力无法予以透彻解释，但我认为他们的主张非常有说服力，也得到了肯沃西实证研究成果的支持。

日本社会普遍认为：在日本，"经济增长"的红利不可能惠及每个人，尤其是贫困层的人，所以根本不可能产生"滴漏效应"，日本需要的是制定以减贫为目标的政策措施。下一章我将探讨相关具体内容。

第二章 贫困诸要素

前一章简述了贫困带给儿童的影响。贫困不仅妨碍儿童学力等认知力和学历的提高,还给儿童成长带来各种不利影响。这些不利影响不仅纠缠其一生,还会传给下一代,产生"贫困连锁"现象。

本章将进一步探讨贫困产生恶劣影响的原因及"贫困连锁"的起因即"连锁的路径"。儿童期的贫困经历与成年后的贫困之间存在着的因果关系便是"连锁的路径"。

在采取减贫行动之前需要明确"连锁路径"的真面目。以大学奖学金为例,在多种奖学金中以资助贫困大学新生为目的的"给予型"奖学金得到社会普遍认可。东京大学院教育科大学经营及政策研究中心2007年的资料表明,大学升学率与家庭条件密切相关。对大多数贫困大学生而言,"借贷型"奖学金负担过重,虽然靠这笔奖学金可以顺利获得大学毕业证、大学学历,但如果毕业后没能进入高收入的公司就职,必然导致无力还贷的恶果。事实上,奖学金运营独立行政法人日本学生支援机构2012年的数据显示,其发放的"借贷型"奖学金还款拖欠率高达6.3%,以此不难推断,肯定有因担心无力偿还"借贷型"奖学金而放弃上大学的孩子。毋庸置疑,发放"给予型"奖学金是援助贫困生的必要的、不可或缺的措施之一。但在面对这个问题之前还有一个更加现实的问题存在，那就是部分（或许是大部分）贫困阶层的孩子甚至不具备考大学的学力，因为他们上小学期间的成绩已经相当差并开始厌学。曾是高中教师的青砥恭在2009年的报告中指出：所有底层高中都应补习最基本的数学知识，甚至需要从从1数到100的最简单的数数儿开始补，因为这些高中生的学力停留在小学低年级水平。对他们来说，大学的"给予型"奖学金根本与己无关，因而，所有孩子受惠的9年义务教育及相应的学习援助制度，才是改变这些孩子命运的重要存在。研究者在进一步探究这些孩子学习能力普遍低下原因的过程中发现，条件恶劣的家庭环境可能是最大症结：母亲体弱多病，弟弟妹妹们需要哥哥姐姐照顾，为生活所迫，哥哥姐姐中学毕业后便开始挣钱养家。如果给这种贫困家庭施以家庭援助，就能最大限度地保证这些孩子在安稳环境中接受义务教育。可以说，与其他援助形式相比较，家庭援助是最奏效的援助。

事先声明，请读者们千万不要误认为我在强调取消奖学金制度。事实上，的确有部分孩子靠奖学金完成了学业而成功脱离贫困。不过，大部分孩子做不到这一点也是不容怀疑的事实。将奖学金制度作为消除贫困的措施，本质上就是一种意识的体现：所有连锁贫困的发生归根结底在于经济能力低下，"负担不起大学学费"不就是最有力的佐证吗？不错，这个现象是客观存在的，但事实上影响孩子健康成长的贫困问题不一而足，而且在考大学之前就长期存在，就是说连锁贫困的路径不仅限于经济或教育某一个方面。如果不能清晰地预测到连锁贫困路径的走向，那么，推出的扶贫政策也只会是一座海市蜃楼，甚至是不切实际的教条政策。

研究贫困的社会政策学者们长期致力于对贫困路径的探究。本章概括了学者们有关的研究成果，并表明明确贫困路径是制定消除贫困政策的第一步。贫困连锁的路径千条万条，其论证工作千头万绪、无比繁重，完全明确每条路径尚需时日，敬请各位读者耐心等待。

第一节　贫困连锁路径

（1）资金路径

【教育投资】　提及贫困连锁路径，首先浮现于脑海的是教育投资，用于孩子的教育费用是巨大的。日本孩子的教育费用的个人（孩子和家族）负担在经合组织中占比最高，可以说在日本，所谓孩子养育费就是教育费。在各个阶段的教育费用中，高中学费及大学的学费和入学金等占较大比重，中小学义务教育阶段的制服费、教材费、修学旅行费、家长教师协会（PTA）会费、供餐费等也是不小的开支。根据文部科学省《平成22年度（2010）少儿学习费用调查》，一个孩子上学费用（学校教育费及供餐费）的明细如下：公立小学每年平均9.7万日元，公立中学约16.7万日元，公立高中约24万日元。缴纳中小学的教育费用困难的贫困家庭，可以申请上学补助，但补助金额未必能支付所有费用。

校外教育的开支也比较大。近年来，大城市的小学生放学后继续上校外补习班补习功课的现象很普遍，而在中小城市，中学生和高中生上校外补习班的人数也在逐年增加。曾几何时，因专属"特权阶层"而备受诟病的校外补习班，如今也摇身变为"登龙门"的大众补习学校，正规学校教育已经满足不了家长对孩子出人头地的期望。根据文部科学省发布的《平成22年度（2010）少儿学习费用调查》，校外年平均活动费具体情况如下：公立小学20.7万日元，私立小学58.4万日元；公立中学29.3万日元，私立中学27.9万日元；

公立高中15.6万日元，私立高中23.8万日元。校外活动费用支出包括校外补习班、函授、参考书籍等，此外还有各种不属于补习的兴趣班、体育训练班、体验活动等，当今的教育投资可谓花样繁多。

很多人认为踢足球、弹钢琴属于"奢侈品"，不投资不会影响孩子的健康成长，没必要非把孩子送去学习。但是，在接受体育训练和刻苦学习过程中付出的汗水，在团队合作中的磨合过程，在感受艺术、享受大自然、熏陶外国文化的过程中的精神愉悦，都有助于培养吃苦精神、提高观察力、增强感受性。长期以来，孩子在与邻家小朋友玩耍的过程中不知不觉掌握了生活技能，体验到了各种感受，即便父母没有钱也不会妨碍身心健康成长。但是如今完全不同，孩子的各种体验需要通过金钱购买，所以，有经济能力的父母争先恐后地送孩子去补习班及兴趣班，鼓励孩子接受训练，参加各种活动。

【家境窘迫】 对孩子而言，决定是否上高中、考大学时的最大顾虑是家庭经济。高中阶段缴费（包括听课费用）困难，均可以通过申请减免学费、奖学金、借款等方法来解决，但靠这种方式读完高中的孩子，大多一心想尽早工作挣钱补贴家用。他们非常清楚，高中、大学毕业后的工资待遇肯定好于初中毕业后的工资待遇，但家庭经济已经窘迫到无法维持最低生活（即贫困状态），哪里还允许梦想未来有好工作、有高收入，完成义务教育之后的当务之急是立刻挣钱养家糊口。为了让这部分孩子能在学校放心学习，社会应该创造一个可以边工作边学习的好环境，为此应该采取特殊家庭经济援助措施。

【资产】 有一个路径容易被社会忽视，即父母手中的资产。首先，来自继承父母和祖父母的资产，除遗产外还有购房时父母的资助、父母转让的住宅，这种形式普遍存在于中产阶层及以上的阶层。贫困阶层中没有这种可能，因为这种家庭的最大支出是房租。可见，是否能支付房租代表着一个家庭的生活水平。

此外，来自祖父母辈的赠予。日本2013年度推出了一项新的优惠政策，祖父母辈为孙辈们储蓄的教育资金在1500万日元以下可免税，而能享受到这个优惠政策的只有超级富裕的阶层。金融宣传中央委员会2012年的资料显示，在有2个以上孩子的家庭中，没有金融资产的家庭占三成，而且这个比例在上升。也就是说，从祖父母辈获得赠予教育资金的孩子与没有祖父母辈赠予的孩子之间，存在着巨大的经济差距。

(2) 家庭环境路径

【焦虑的父母】 你知道手头缺钱的滋味吗？交房租的日子一天天逼近而金钱却还没有着落，还贷的日期在逼近，孩子的修学旅行缴费期限逼近，但是没有钱。这些都是让你焦躁不安的因素，这样状态下的你能做到安心养育孩子吗？

有关贫困和低收入家庭如何影响孩子成长路径的研究理论中，就包括"家庭焦虑理论"。外国研究成果显示，对相对贫困家庭的孩子来说，最大的威胁来自父母和家庭的焦虑，其对孩子身心伤害之大、之深是无法估量的。

空气中弥漫焦虑和担忧的家庭，对孩子成长的影响极其恶劣。父母频繁发生口角、疲于奔命无暇照顾孩子、对孩子说话粗声粗气，即便不是贫困家庭，父母焦虑时表现出的这种过激反应也是常见的，但当这种焦虑成为常态时，父母和家庭都已经处于根本无法让孩子安心生活和学习的状态，而最糟糕的是这种家庭极有可能发生虐待儿童的悲剧。

在经济窘迫的家庭中，父母争吵及发生家暴的概率很高，这对孩子的影响并不一定是直接的，但一定是有的。美国儿童福祉学专家马克韦瑟认为：父母关系紧张经常吵架，导致孩子的心理矛盾敏感度降低，容易出现习惯用敌对态度看待问题、不善于处理人际关系等问题。

父母的过度焦虑状态，即便是没有恶化到虐待儿童和患上精神疾病的程度，但依然会导致孩子情绪波动、精神不稳定，而更恐怖的是这种负面情绪还会波及腹中的胎儿，胎儿会吸收这种不良情绪。焦躁不安的母亲产下的婴儿往往体重偏轻、情绪稳定性差，因此哭闹的可能性增大。英国流行病学专家理查德·威尔金森对7500名3岁儿童展开调查，结果证实母亲孕期焦虑的孩子，情感和行动均容易出现问题。这种因果关系在动物世界中也能观察到，也可以说，父母的焦虑影响孩童成长的现象，归根结底是属于生物属性范畴，并非精神层面的问题。

威尔金森推测，孕期母亲的焦虑之所以影响孩子的正常发育，与焦虑荷尔蒙、肾上腺皮质素分泌增加有关。准妈妈焦虑引起肾上腺皮质素分泌值上升，与母体相连的胎儿的肾上腺皮质素分泌值也随之上升，即准妈妈把焦虑全部转移给了胎儿，并对胎儿的发育产生不良影响。还有，产前的焦虑还会延续到产后，新晋妈妈依然摆脱不了孕期中的焦虑，如恶魔缠身。幼儿期、儿童期笼罩在浓重的焦虑气氛中的孩子，不难想象其成长环境有多么的恶劣，怎么能指望这样的孩子免遭贫富差距和贫困的伤害？

【父母体弱多病（包括精神疾病）】 在现代社会，焦虑对健康的侵蚀无处不在，并诱发多种疾病，尤其是精神疾病。内阁府曾对4000名中学3年级学生及其父母进行问卷调查，发表报告《父母和子女生活意识的调查》（2011年），指出相对贫困的父母与没有经济困难的父母之间，在健康状态和心理健康等方面存在明显差距（图表2-1）。

父母疾病的恶化有可能引发恐怖的自杀行为。我在内阁官房社会包容促进室工作期间，研究过20岁至30岁之间的流浪汉、药物依赖者、十多岁开始领取最低生活补助者、曾有过自杀行为者等53人，其中有13人患过精神疾病，5人父母自杀，平均发病率明显高于普通人群。

威尔金森教授指出，社会地位与抑郁症存在某种关联。患上抑郁症的人或动物，体内血清素均很低。血清素被称为"社会地位荷尔蒙"，而社会地位与精神状态密切相关，现实生活中低收入人群是抑郁症等精神疾患高发人群。虽不能断言患有精神疾病的父母一定丧失养育能力，但不难想象患有精神疾病的父母，在无法独自正常生活的条件下养育儿女有

图表 2-1 贫困与父母健康的关系

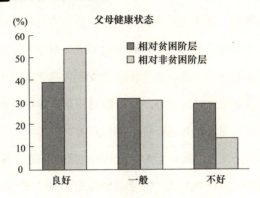

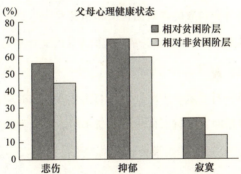

出处：石田浩,《相对贫困家庭及父母、子女的行为与意识》；内阁府儿童年轻人与养育子女对策综合推进室（2012）,《关于父母与子女的生活意识调查报告》

多么的困难。没有稳定收入和固定工作的女性在妊娠中患抑郁症的风险很高。如果母亲患上抑郁症，那么孩子的智力发育无疑会受到负面影响。

【与父母共处的时间】 贫困也会影响到子女与父母共处时间的长短。日本人工作时间之长世界少有,典型的日本家庭分工是一家之主的父亲在外工作养家,母亲在家料理家务和照看孩子,看上去,这个男主外女主内的家庭分工模式似乎有一定的合理性,但在双职工家庭或单亲家庭中不存在这样的分工,家长陪伴孩子的时间也相对较少。半数以上贫困家庭是母子单亲家庭,母亲下班后回到家的时间为18点的家庭超过半数,母亲20点以后到家的家庭超过一成。由我主持完成的厚生劳动省的调查报告《2000年后出生儿童的纵断面调查》的数据显示,7岁儿童中有的孩子与父母共处的时间极少:以每天与母亲共处时间计算,周一至周五工作日不足1小时,节假日不足2小时;每天与父亲共处的时间,工作日亦不足1小时,节假日同为不足2小时。而这种家庭所占比例与社会经济分层存在着密切关系(图表2-2)。

工作日期间,每天与母亲共处不足1小时的孩子,在第一分层(最贫穷层)占5.0%,在第五分层(富裕层)占3.0%,显然孩子与父母相处时间的长短受社会经济分层高低制约。另外,这个占比在母子单亲家庭中高达6.4%,孩子不仅与父亲没有接触时间,有母亲陪伴的时间也是比双亲家庭的孩子少得

图表 2-2 与父母共处的时间：与父母共处时间少的儿童比率（7 岁）

五个分层	和母亲在一起的时间		和父亲在一起的时间	
	工作日不足 1 小时	假日不足 2 小时	工作日不足 1 小时	假日不足 2 小时
第一分层	5.0%	35	46.2	29.6
第二分层	32	2.2	39.2	10.8
第三分层	3.0	2.0	42.9	8.4
第四分层	3.1	18	49.2	7.5
第五分层	3.0	18	51.6	7.7
家庭类型				
双职工家庭	2.8	1.7	42.7	7.9
单亲家庭	6.4	2.9	100.0	100.0
父子家庭	100.0	100.0	38.7	12.9

注 1：无父母的孩子没有与父母相处时间
注 2：收入阶层分层，第一分层最低，第五分层最高
出处：阿部彩（2011）

多。此外，节假日与母亲共处时间不足 2 小时的孩子，多生活在低收入家庭和母子单亲家庭。在这组数据中唯一偏离常识的结果是，周一至周五与父亲共处时间不足 1 小时的孩子，收入越高的阶层占比越大；另一方面，节假日与父亲共处不足 2 小时的孩子占比最高的在第一分层，近三成。

父母陪伴时间少意味着听父母讲故事、朗读绘画书册的时间少，父母辅导孩子做作业和陪伴孩子玩耍的时间少，也意味着孩子生病时父母不会在身边照看，更有可能孩子病情突发时父母不在身边。由此可以断定，父母陪伴时间少的孩子不可避免地直接或间接受到各种负面影响。学龄前儿童和低学年儿童可以送保育园或学童保育机构托管，对于小学5年级以上孩子而言，与父母及成年人相处时间少就意味着被放羊，被大撒把，遭受意外伤害的风险增大，这样的孩子升至中学、高中后变得喜欢泡在朋友家里或游荡在光怪陆离的繁华街区上，总之不喜欢待在家里。

【文化资本论】"文化资本"在此指家庭文化。法国著名社会学家皮埃尔·布迪厄认为：家庭"文化资本"包含行为举止、语言措辞等，这些要素在应聘、职场、人际交往中发挥着重要作用，每个家庭都拥有独特的"文化资本"。日本人经常挂在嘴边的"那个孩子家教好"中的"家教"，指的不是学历的高低、身体遗传特征，而是指原生家庭的氛围及状态，良好的家庭"文化"会使子女在应聘工作和婚嫁迎娶等方面获益匪浅。

关注家庭的学说注重一个家庭的书籍质量和数量、音乐、美术等文化气息，认为书架上整齐摆满文学名著全集、房间里报纸杂志随处可见和伸手可及，这样的家庭与完全没有书籍和报纸杂志的家庭比较，给孩子的刺激和熏陶大相径庭，有天壤之别。即便可以非常方便地到图书馆借阅书籍，但在家庭资本熏陶下成长的孩子自带文化气质；反之，在文化资本稀缺家庭长大的孩子对文化和艺术缺乏兴趣。这种差别也属于贫困路径。

【育儿水平及教育方式】 这个学说在大众层面比较有市场，主张父母的教养及育儿观念是受家庭经济状况左右的。美国学者安妮特·拉鲁对生活在美国的12名9岁至10岁的孩子进行跟踪观察，数月后得出结论：父母的态度及教育规划、孩子的日常生活、逐渐形成的性格、父母与孩子的沟通方式、父母的教育方针等，在不同社会经济分层有不同表现，很有可能影响孩子长大后的工作收入。

吉川教授在其"规避学历下降说"中，剖析了父母的学历与孩子学历之间的密切关系。吉川教授指出，这种家庭固守的观念就是子女的学历不可以低于父母的学历。父母为了让子女获得与自己同等学力而热心于子女教育，子女也努力回应父母的殷切希望而勤奋学习、精于学业。学历高的父母因本身重视学历，所以一直向孩子灌输重视学历的价值观，相反，低学历父母在子女教育方面没有明确的价值观。如此意识上的差别也会影响孩子对学历的态度。

日本学者采用了美国的相关数据，分析日本国内父母对子女最终学历的期望值与子女最终学历之间的关系，指出父母的期望值高低影响着孩子最终学历的高低，但在父母的精神与收入的影响力方面，精神方面的影响力要小于收入影响力。此路径还需今后进一步探讨。

【孤立无援的父母】 有人认为现代社会的贫困与边缘化有密切关联。假设这种关联真实存在，无疑贫困层父母被边缘化的概率非常高。为此先了解一下父母收入与抚养孩子的环境之间的关系："在抚养孩子方面，家里家外都没有可以商量的人"，"自己生病或家里发生意外时没有人帮助照看孩子"，这种处于孤立无援环境下的父母大多处在低收入阶层。父母被边缘化会引发多种恶果：儿童受虐待的风险增大、父母获取育儿信息的渠道受阻、儿童与同龄小朋友玩耍的机会减少，这些都在无形中增大孩子被边缘化的可能性。

（3）遗传基因路径

【认知能力可以遗传吗？】 遗传说影响深远。长期以来，遗传说与父母经济实力说、家庭环境说一道获得社会普遍认可。因此我们经常会听到"那个孩子，爸爸是某某名牌大学毕业的，自然很聪明啦"之类漫不经心地发出的声音，其潜台词是"低学历父母的孩子肯定也是低学历"。今天，这种赤裸裸歧视贫困者的论调，在学术界已不多见，但在大街小巷仍不绝于耳，仅凭这点就有必要用数据来证明遗传说是否科学。

首先，需要明确智商（IQ）、学力等认知能力的数据。IQ方面，父母与子女的关联系数为 0.42—0.72，由此可以断定，父母与子女在认知能力方面有某种程度的关联。但在现实生活中认知能力导致的"连锁贫困"是非常有限的，这一点在学术界得到普遍认可。相关实证来自一对双胞胎的观察数据。认知能力（如学习能力）的一部分由遗传基因决定，另一部分由环境（家庭环境、人生经验等）决定。同卵双胞胎间的遗传基因几乎没有区别，家庭环境也相同；异卵双胞胎的遗传基因有差别，家庭环境相同。如果异卵双胞胎之间存在学习能力差异，则表明学习能力是受遗传基因影响的。根据对2013年东京大学教育学部附属中等教育学校的调查，语文、数学认知力的遗传影响率为0，化学、历史等的影响率在44%至41%之间，这个比率在这些数据中是最高的。这表明父母与子女之间在认知力方面存在的关联性，不是来自生物学遗传，而是来自共享社会经济要素的过程，如生活在同一屋檐下等，这个结果也意味着外部介入可以提高孩子的认知能力。

认知能力的高低与成年后的收入之间没有密切关联。采用美国的研究数据，我们可以推断父母与子女的IQ关联在父母与子女的收入关联中只占2%。换言之，虽然认知力的生物学遗传被确定为连锁贫困的路径之一，但在现实生活中遗传在认知力方面几乎没有发挥作用。

【其他遗传要素（身体特征、性格、发育障碍）】 生物学遗传有认知力方面的遗传，也有身高、身材等的身体特征和健康、运动神经等方面的遗传。此外，近年最新研究还发现，性格也有某种程度的遗传。遗传对一个人的影响涉及身体特征、收入、社会经济层次各个方面，是综合性的。

有研究报告指出,父母与子女的性格存在某种关联,而性格与收入有关联性,性格开朗、随和的人收入普遍高,父母与子女之间的各种关联中,性格关联在收入关联中占有一定位置。美国的相关数据显示,性格关联在父子之间的收入关联中约占一成。

(4)职业路径

【职业的继承】 职业是子女继承父母社会地位的重要路径之一。在诸多职业中,农业、个体、企业等职业的继承,以子承父业为主,与子女的学力、能力的高低没有太大关系。日本的个体经营者比率长期呈下降趋势,30岁和40岁年龄段的经营者减少现象尤为突出。首次就业便选择了个体企业的年轻人,大部分是因为父母为个体经营者,这部分年轻人就业是"子承父业"。之所以可以实现"子承父业",是因为企业的有形资产和无形资产都能顺利传给子女,如政治家的后代可以接手父辈的政治地盘,成功企业家的后代可以从父辈获得庞大"资源",无疑,这样的孩子比那些没有任何资源可继承的孩子占很大优势。

以职业为媒介实现父母与子女间的社会地位继承,即

"子承父业"式的职业路径，还有其他形式，如父辈与子女供职于同一行业，甚至同一职场。在职业选项多的大城市，子女可以按本人的意愿选择从事与父母职业完全无关的工作，但在中小城市则不同，无论职业的种类还是职场的数量都很有限，这里的年轻人多选择留在父母身边工作。中小城市的年轻人自愿放弃到大城市闯荡的机会，也是客观上实现了子承父业的职业继承。

（5）健康路径

【健康路径】 在一个人拥有的多种资源中，认知力以及健康是最重要的。健康是完成学业和长期胜任工作之本。现实生活中健康状况与经济状况之间的关联性非常鲜明，经济状况差的人健康状况也不理想。

近年来人们逐渐意识到儿童的健康状况与家庭经济条件存在因果关系。第一章的贫困层儿童与非贫困层儿童之间的比较显示，贫困层儿童患重病风险高，哮喘及龋齿等健康问题的比例也很高。美国、加拿大等国的调查结果显示，儿童之间的健康差距在0岁时已有显现，也就是说在孩子出生的那一刻起健康差距便已存在，在长身体阶段这种差距会有短暂的缩小，进入青春期后差距再次拉大。

儿童期的健康差距也影响精神疾病的患病率。有外国研究报告称，贫困层儿童比非贫困层儿童的精神疾病患病率高。

那么，为什么会发生儿童健康差距？有两个医疗经济学数据值得参考。

首先，贫困家庭的孩子在生病和受伤时很难保证及时接受治疗。如，孩子染上流感时如能及时服药，便能有效控制病情发展，很快得到康复，但因经济困难便拖延治疗，最普通的感冒很有可能转为重感冒。另外一个问题是，贫困层家庭父母在外忙碌，经常不在家，父母不能及时发现孩子身体的不适或无法照看生病的孩子。父母既没有经济条件也没有时间带孩子到医院就诊，更增加了孩子伤病加重的风险。

另一种数据显示，贫困层的孩子比非贫困层的孩子更易患病、受伤。原因有多种，环境恶劣、缺少营养、得不到父母悉心照料、家庭焦虑等。贫困层的新生儿体重多偏轻，这也是影响健康成长的因素之一。多种外部不利条件叠加，导致贫困层的孩子中易患病、易受伤的人数偏多。

可以想象儿童期由于父母经济条件差而体弱的孩子，成年后健康难免不出问题，成年后健康出现问题，自然经济状况会随之下滑。这种因果关系便构成了"儿童期贫困→儿童期健康受损→成年期健康恶化→成人期贫困→子女的贫困"这样一条健康连锁贫困路径。欧美学者认为以健康为媒介的健康路径，与教育路径一样发挥了重要作用。

【身体残障与智力障碍】 大多数人认为，在数个健康路径中，与儿童贫困存在密切关联的是身体残障和智力障碍。国立成育医疗研究中心的成育社会学研究部藤原武男部长在千叶市调研时发现，在疑似有自闭症倾向的1岁半儿童中，母亲的学历大多比较低。内阁官房社会包容促进办公室的调研也得出类似结论：身体的残障和轻度的智障，是年轻人无法融入社会的重要原因之一。近年来，越来越多的障碍儿童会在入学前体检中被发现，与此相比，过去的入学前体检往往忽略或不重视障碍儿童，导致其在没有特殊照顾或保护的情况下，接受学校教育，进入社会打拼。他们无论是在学校还是在社会，都一直与周围环境格格不入，甚至遭受欺凌，比其他人更易陷入贫困、被边缘化。有报告显示，在流浪者、服刑人员等边缘人群中，智障者和残疾人偏多，据2010年5月17日《朝日新闻》报道，在东京周边露宿街头的167人中约三成为智障者。

通过上述数据我想明确的问题是，在贫困层的家庭中，因残障带来的负面影响是否大于其他因素。不分家庭的贫富，孩子都有可能残障或智障，但是否能早期发现，发现后是否能及时应对，是否放任不管，则由家庭经济条件决定，经济条件差的家庭多是放任不管，任其发展、程度加深。如果这些症状早期得到教育机构的介入和干预，可以做到将负面影响控制在最低程度。贫困层的残障和智障儿童，只是由于没有被早期发现，任由发展而导致障碍程度加深，其成人后的人生也随之变得异常艰难。

目前还未收集到足够的数据证实我的这个主张，相关研究也尚处于推测阶段，即较贫困层父母与非贫困层父母比较，前者残障和智障的比例高于后者，也就是说，贫困层父母也是因为没有得到及时扶助而无奈地陷入了贫困，进而被社会边缘化。内阁官房社会包容促进办公室调查小组的数据显示，追溯到残障儿童父母，发现原来他们也是残障人士。

（6）意识路径

【积极向上　自尊心　自我肯定感】不同社会经济阶层

对待儿童学习的态度不同。苅谷先生进行的实证研究证实了这一点，有关内容在上本书《儿童的贫困》中有详细介绍。在书中苅谷先生称此现象为"主动性差距"，有关数据采集工作，在书籍出版后仍在继续。内阁府曾在中学三年级中实施问卷调查，题目为"父母与子女的生活意识调查"，对"考试成绩不理想时会感到沮丧吗"的选项，选择"是"的学生的比例分别如下：贫困层学生为45.3%，非贫困层学生为60.3%，两者差距之大显而易见。（图表2-3）

图表2-3 "考试成绩不理想时会感到沮丧吗"的中学三年级学生的意见

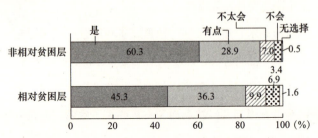

出处：内阁府儿童年轻人与养育子女对策综合推进室（2012），《关于父母与子女的生活意识调查报告》

对学习不感兴趣，其背后原因之一是贫困层孩子对未来不抱有任何希望。在上述内阁府问卷调查中，还有一项"40岁时想做什么"的问题，选择"做有益于社会的工作"和"做有意义的工作",贫困层的比率明显低于非贫困层(图表2-4、图表2-5)。图表2-4的选项栏中,除了"是否认为自己处于相对贫困层"选项外,还有一个"您认为孩子40岁时从事的工

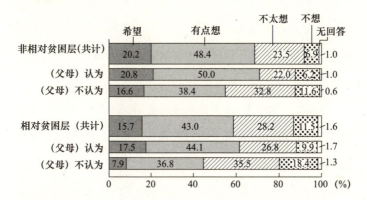

图表 2-4 希望40岁时"做有益于社会的工作"的中学三年级学生的比例

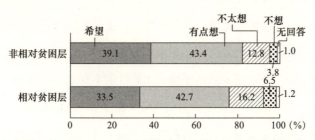

图表 2-5 希望40岁时"做有意义的工作"的中学三年级学生的比例

出处:图表2-4、图表2-5,内阁府儿童年轻人与养育子女对策综合推进室(2012),《关于父母与子女的生活意识调查报告》

作有益于社会吗"的选项,对此,贫困层父母选择"是"的比率低于非贫困层父母。此外,父母认为孩子在从事对社会有意义的工作,而孩子本人却并不认为自己在做的工作有多大社会意义,父母与子女的认知差距比较大。

可见,贫困层的孩子不但不被父母看好,自己也看扁了自己,这或许就是滋生"努力无用"的温床。国外也有相似的报告,美国的研究成果证实,父母的焦虑会压抑儿童(尤其是男孩)的自尊心及自律心。

【福祉文化论】 认为领取最低生活保障等公共补助的家庭的孩子,从小便形成"福祉依赖"价值观,抱有"不劳动也可以从公家领取补助"的不劳而获的观念,成人后也复制领取公共补助的生活。此种"福祉文化论"不仅在欧美,在日本也有较大市场。

对"福祉文化论"进行科学性论证,目前很难采用数据论证法。最大的难点在于无法区分开"福祉文化论"与"连锁贫困"。"贫困家庭孩子的成人后贫困率高于非贫困家庭孩子",对这个结论已有众多研究成果证实。一方面生活困窘的家庭被认定为公共补助对象的比率高,另一方面领取公共补助金家庭的孩子成人后沦为贫困人口的概率也很高,贫困家庭孩子领取公共补助金的概率因家庭增大,环环相扣,这个现象是"贫困连锁",但不是"福祉文化连锁",对此两者不可以画等号。

欲证实"福祉文化论",就必须比较一下"享受公共补助金家庭的孩子"与"经济条件同样很差但没领取公共补助金家庭的孩子"之间的差异,而经过严谨的比较研究,到目前为止尚没有得到能足以证实"福祉文化论"成立的成果。在美国,尽管学术界证明了孩童时代曾经领取过公共补助金的黑人男性、长期领取公共补助金的白人女性,在他们各自成人后过着贫困生活的状态与原始家庭的经济条件有着千丝万缕的联系,但尚没有明确儿童期的生活经历与成人后领取公共补助金之间有密切关联。

日本学术界的研究课题是,陷入贫困且被边缘化的成人与其15岁时领取最低生活保障金的经历之间,存在着怎样的关联?即便排除掉当下收入低、家庭条件恶劣等负面要素,15岁时领取最低生活保障金的经历是否依旧是贫困和被边缘化的构成要素?我的结论是:15岁之前领取最低生活保障金的经历导致其成人后疏离社会制度,如:不参与选举投票、不加入社会保险、无法享用公共设施、滞纳公共费用、公共服务被中断等。尽管如此,我还是没有得出15岁时的经历与成人后靠领取最低生活保障金度日之间有明确关联的结论。

通过数据反映出领取公共补助金家庭的内部问题和困难,是近乎不可能的。父母的疾病、对毒品和酒精的依赖、家暴等,这些隐私性问题非常不利于孩子的健康成长,子女高中升学率普遍低于普通家庭。从这个角度看,领取最低生活保障金家庭的子女陷入"连锁贫困"的风险系数极高。但这与判断"福祉文化论"是否科学,是两个不同的问题,两者不应混为一谈。

(7) 其他路径

除上述路径外还有许多没有被重视的路径。下面列举数个案例略作说明。

【社区 邻居 学校环境】 社区论。美国科研成果表明,社区的富人比率、贫困层比率影响孩子的学习能力。有的研究甚至通过大胆的、出乎意料的社会实验得出结论:任意选中某个家庭将其搬迁到别的社区,长期观察其在新环境下发生的变化。此外,不同社区的学校质量有高低之分也是不争的事实。与成年人相比,孩子与社区的关系更加紧密,所以

"生活区域"对孩子的成长有很大影响。

【榜样缺失】 没有长者的榜样也是贫困儿童面临的问题。身边没有考上大学的哥哥、姐姐,周围没有从事高大上职业的爷爷、奶奶、叔叔、阿姨,怎么能让孩子产生"我也想成为那样的人"的向往?又怎能在没有具体目标的琐碎生活中产生对未来的憧憬?

【少年离家　无家可归】 家庭环境差的孩子,大多被迫早早步入社会自谋生计。他们中学或高中便退学在外打工,在尚未成年之际便开始了独立生活。时光倒退到很久以前,未成年的孩子可以以学徒身份吃住在师傅家拜师学艺,师傅如同家长一边传授技艺一边教做人的道理,而现今的日本已经很难找到这种传统的师徒关系了。离家闯世界的未成年孩子未来是不容乐观的,一般来讲,男孩子的劳动环境恶劣,女孩子选择性产业靠色相赚钱,无论男孩还是女孩谋生环境都充满风险。大部分人与他人发生争执时,首先会选择回家寻求安慰,而这些孩子没有这样的说回就能回的家,因为家里问题和麻烦更多,不如不回。

这样的孩子不仅有家不归,还身陷比家庭更糟糕的恶劣环境中,过早地开启了恶性循环的人生模式。在某种情况下,与人发生争执后是否有疗伤治愈的庇护所可去,决定孩子是否可以躲过凶险的贫困。

第二节 重要路径

引发"连锁贫困"的路径如此之多令人忧心忡忡、无所适从,部分读者一定在暗自责问我:可以明确指出哪个路径最关键吗?读者的情绪化想法,真的是无可厚非。

但是,为达到测定出每一条路径的"优点"的目的,需要完整的调查对象数据库,随时可以抽取到调查对象的学习能力、家庭环境、健康状况、自我认同感、职业等所有信息,但现实是目前还没有如此完美的数据库存在。若希望以社会科学视角来去伪存真、大海捞针般甄选出"最重要的路径",真的是不可能的,现实就是如此令人绝望。但天无绝人之路,没有能力对所有路径进行分析,不等于得不到部分路径的分析结果,这里有两个研究案例。

首先是发展心理学的成果。学者菅原采用小学一年级学生的数据,分析焦虑型家庭和投资型家庭各自的长处。分析结果如图表 2-6 所示。

图表 2-6 家庭年收入与子女的学习成绩、不良行为倾向、QOL 的关系

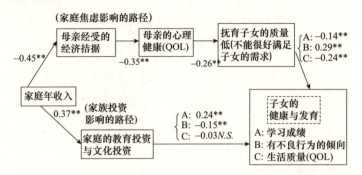

注：小学一年级、362 个家庭。箭头的数值为标准化系数 **p ＜ 0.01
出处：菅原麻澄编（2012），《儿童期的成长环境与 QOL》，p.19

测量儿童状态的指标有三个：A. 学习成绩；B. 有不良行为的倾向；C. 生活质量（QOL）；测量家庭投资指标，含孩子读物及画册的数量、有无习艺、有无网络、有无报刊、有无两台以上计算机。

图中标有 * 的数量越多表示标准化系数绝对值越大，影响力越大。这个图表显示两种家庭，即焦虑型家庭和投资型家庭的不同走向的"路径"。菅原学者认为"焦虑型家庭"的诱因与其说来自知识层面（学习成绩＝－0.14**），不如说源于情绪层面（有不良行为的倾向＝0.29**）；与此相反，"投资型家庭"具有鲜明的知识特征（学习成绩＝0.24**，有不

良行为的倾向＝0.15**)(2012)。

第二个案例是我本人的研究成果。首先我限定了路径的数量,在此基础上观察研究儿童期及成年期的贫困连锁。这个视角有别于菅原的研究方法。图表2-7为此次研究的分析概念图,是从"儿童期贫困"到"现在(成年人)困窘的生活(食物困窘)"("生活困窘状态特指,过去一年间一家人所

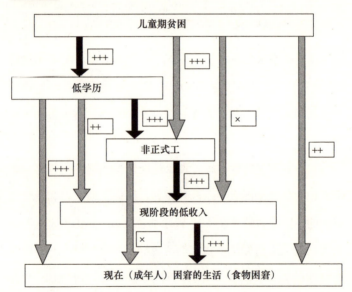

图表 2-7 "连锁贫困":假设多条路径的概念图

出处:阿部(2011)

需的最低限度的食物没有得到保障)为止的贫困要素关系图，研究采用的数据有学历、就业、工资，贫困要素设定为"低学历""非正式工""现阶段的低收入"。最常被提及的"路径"是"儿童期贫困→低学历→非正式工→现阶段的低收入→现在(成年人)困窘的生活"，在图中用黑粗箭头表示，在此暂且称之为"学历—劳动路径"。

我的研究成果认为：学历—劳动路径之外的要素都直接影响到"现在(成年人)困窘的生活"，这个观点比较与众不同。例如，右侧的最长箭头表示"儿童期贫困"，不需经过"低学历""非正式工""现阶段的低收入"，直接影响现在困窘的生活。

箭头旁的"＋"号表示此路径的强度，其数值是根据约3300名20岁至49岁的调查对象的信息测算而得的。"＋"为路径受到的影响，"×"为不被认可的路径，因此，"＋"越多表示影响力越强。

黑色粗箭头的路径强度均为"＋＋＋"，由此上述诸"连锁贫困"中的一个模式得到证实，即儿童期贫困是低学历的诱因，而低学历会增加被雇用为非正式工的风险，非正式工的收入普遍低，进而导致生活陷入窘境。

同样应该注意看一下带有"++"的箭头。如，低学历的影响，即便没有使其沦为非正式工，但成为低收入者的可能性依然很高；非正式工并非一定与低收入画等号，依旧是困窘生活的诱因。此外，儿童期的贫困虽然没有带来低学历的不良后果，但成为非正式工的可能性很大，这个箭头越过学历、职业、收入而直插困窘生活。

在前面章节中用较长篇幅阐释的数个路径，很有可能均没有通过学历—劳动路径而直接诱发生活贫困。由此可以断定，学历—劳动路径之外还存在着更多的、形形色色的路径。

第三节 推动路径与政策对接

父母贫困对子女成长的影响是巨大的，但存在于父母身上的贫困路径有千条百条，它们盘根错节、交叉影响。迄今为止，学术界的研究只梳理出了其中具有较强影响力的两条路径，厘清深藏在庞然大物中的每条路径及其来龙去脉，是一项相当耗时耗力的工程，欲揭开其谜底尚需时日。这项工作还有一个特点，就是不存在举一反三、一劳永逸式的解决方法，即，如果"控制住了一条路径，其他问题便会迎刃而解"的幸运是不会降临的。

那么，在当前研究成果的背景下，实施怎样的消除贫困政策才能收到更理想的效果呢？时不我待，没有厘清所有贫困要素后再从容制定完美政策的时间，解密贫困路径也许是一项没有终点的终极目标。既然如此，在无法阐明所有贫困要素的现有条件下，我们应该竭尽全力专攻能做到、做得好的工作。

这个定位关键点在于从众多路径中挑选出"能做得到、做得好"的工作。在众多路径中，部分路径可以通过政策介入进行干预，有的则不可以，如：通过"职业"介质可以产生的良好影响，很难对其进行政策性介入。父母经营的店铺、公司，政治家的势力范围等，外界很难阻止父辈把资源传给下一代的做法。再教育投资和医疗服务等受政府干预，其中包括为贫困儿童提供的援助。对智障、发展障碍的干预最具代表性，应早期发现并给予足够的经济援助，让孩子尽早接受治疗。这个干预在避免先天性障碍、促进孩子健康成长方面，可收到理想效果，以免让先天障碍成为孩子幸福人生的真正障碍。

在第三章中，我将把关注点放在根据政策开展的扶贫项目、思考政策选项时应参照的基准以及思路上。

第三章 选择政策

第二章明确了"连锁贫困"的路径并非只有一两条，多种路径盘根交错，复杂难解。受财政条件限制，希望每一条路径都得到政策扶持的想法实在不现实。再者，消除贫困的方法并非只有一种，因为减贫有多种方法。从众多路径中我们应首选哪一条路径将其阻断呢？

选择政策的方法，换言之，附加优先权的方法并非只有一个。有人主张优先资助生活环境最差的孩子，有人呼吁优先保证抢救生命工作，等等，不一而足。优先标准的制定，需要经全体国民讨论后交由国家最后定夺，不可能由某个人单独完成。

我在本章中将着重关注政策效率，即投入的资源能产生多少理想效果。当然，效率不是唯一的标准，但在财政有限的背景下高效政策值得肯定。如果不注重效率，那么大手笔财政投入所收到的效果很可能微乎其微。

第一节　政策选项

政策选项繁多

图表3-1为我所能想到的消除儿童贫困计划的一览表，

"项目"特指已明确了实施对象和内容的制度，内容由美国推行的计划及我个人补充的条目构成，挂一漏万，如果您有好点子请务必联系，与我分享。此外，一览表中的项目分别来自不同领域，涉及面之广显示出政策选项的复杂性和多样性。

第二节　政策效果的测定

政策效果的验证

政策选项名目之繁多，可谓令人眼花缭乱，如果每一项都能如愿实施，无疑最理想不过。但现实是日本财政濒临危机，因此高效性成为甄选出可行性强的政策的重要标准。每个政策都对应一个示范项目，通过科学实验可以证明每个项目的实施效果，其中效果最佳者为第一候选。

政策效果属于社会政策学领域，专业性强，对此社会政策学学者们会拍着胸脯胸有成竹地表示："政策效果问题全权交给我们好了！"但实际上政策效果的验证工作异常困难，在日本之所以几乎所有的政策都没有经过严格的政策效果验证，原因就在于此。因此，迄今为止日本实施的政策大多都

图表 3-1 儿童贫困政策的选项

◎ **援助父母及家庭的项目**

产前
- 准父母产前教室
- 孕妇体检
- 孕妇免费医疗服务（含心理咨询）
- 孕妇营养计划（食物支援）
- 免费接生

现金支付
- 收入保障（低收入单亲家庭＝儿童抚养费）
- 收入保障（遗族年金）
- 收入保障（低收入抚养孩子家庭）
- 有孩子家庭享受免税补助
- 支付孩子养育费（儿童补助等）
- 支付配餐费、修学旅行费等校内费用（就学援助费等）
- 入学金（高中教育、职业高中教育等）
- 提供住宅费（住房租赁补贴等）
- 援助伙食费、水电费、取暖费等个别生计项目

支援父母就业
- 职业培训
- 职业介绍（职业介绍所等）
- 企业就业扶助金（资助聘用母子单亲家庭的母亲及贫困层人员等）
- 创造就业机会（公共部门就业等）

其他针对父母的援助
- 保育所及校外活动（学童保育）
- 育儿咨询
- 保健师家访
- 为单亲家庭提供育儿服务（派遣保姆等）
- 提供医疗服务（或减免医疗费）
- 为身心健康事业提供援助（咨询公司等）
- 为治疗药物依赖事业提供援助
- 为住院接受治疗的精神疾病患者家属提供援助
- 为发育障碍及智力障碍儿童的家长提供援助
- 母子家庭生活援助机构
- 其他针对贫困者的援助制度（综合型咨询窗口、庇护所等）

◎ **援助儿童**

保育
- 保育及教育学龄前儿童

障碍
- 发育障碍及智障的早期发现
- 开发适合发育障碍儿及智障儿的教育计划

健康
- 针对贫困家庭的医疗辅助制度
- 免除健康保费
- 免除就诊费（医科及牙科）
- 免费体检
- 疫苗接种（学校及托儿所）
- 接种疫苗的资金支持
- 特殊疾患治疗（哮喘等）

- 膳食计划
- 虫牙防治计划

治疗及防控依赖症（饮酒 吸烟 其他）
- 依赖症治疗计划
- 依赖症知识启蒙

预防妊娠及援助生产
- 性教育计划
- 妊娠、育儿、学习三不误的援助计划

教育
- 免除学习塾（校外补习学校）学费（低学费）
- 小班年级
- 为低学力儿童安排特殊班级及补习
- 提高学校教育经费预算
- 提高教员工资待遇
- 开发教育计划
- 引进IT技术
- 实施现金券制度（教育费补贴）
- 大学奖学金制度（赠予型及借贷型）

预防"不上学"（注：儿童因心理抵触而不去上学的现象）及退学
- 升学指导
- 个别指导及心理咨询
- 学习小组

援助日常生活及设置临时安身空间
- 课外计划
- 儿童馆及儿童广场
- 设立青年中心及青年职业介绍所
- 儿童电话热线
- 设置留宿独自在家过夜儿童设施
- 心理咨询计划（1名儿童安排1名大人）
- 援助蛰居者（含预防措施）

儿童就业援助及职业训练
- 学习劳动法（培训合格劳动者）
- 校内就业援助
- 实习、教育、就业培训一体化
- 就业援助

针对身处极端恶劣环境的儿童援助制度
- 增加儿童保护中心的预算及职工人员
- 普及养父母制度及增加其预算

◎ **培训接触儿童的成年人**
- 在教师、保育员、儿童馆职员的培训课程中全面扎实的普及儿童贫困知识
- 设置教师、保育员、儿童馆职员必须参加的学习会
- 提高工资待遇

是以"似乎有效果"这个模棱两可的理由通过的,都缺乏科学依据。出现这种怪现象的原因在于测定工作异常艰难以及严重缺乏相关数据。追根溯源,日本根本没有测定政策效果的概念,也不曾有过测定政策效果的制度设计。

那么,测定政策效果的理想方法在哪里?在此我将花费篇幅加以介绍,内容有些枯燥乏味,敬请各位读者耐心读完。

消除贫困的项目众多,各自效果大多是通过对实施前后的状态进行对比后确定的。比如,参加学习援助项目的学生中,○○%学生的成绩提升了△△%,表面看这个项目效果良好,是成功的。但从严格意义上讲,这组数据不足以说明本项目的效果是理想的,因为不管这个援助项目实施与否,孩子们的学习成绩都有提高的可能性。或许没有援助更能激发孩子们奋发图强的意志,即便成绩没有大幅提高△△也可能小幅上升□□,那么,这个项目的成绩为△△-□□,甚至有可能△△-□□=0。

我们知道刚研发出的新药,需要进一步接受药效测试,其严格程度不输临床试验。测算一个新项目效果的好坏与高低,如同新药药效的测试,课题小组需要设置一个对照小组对新项目进行试验层面的验证。参加实验项目的孩子与没有参加项目的孩子，需要在学习成绩方面比较一下有无变化，如果只有参加项目的孩子的成绩有提高，那么，这个计划无疑是奏效的。这种学术性验证被称为"证据"验证，这个政策被称为"基于证据的政策立案"。

实验的前提是保证参加项目的孩子与没有参加项目的孩子之间没有本质上的差别。将项目小册子分发给所有最低生活补助金领取家庭，然后再比较一下参加项目的孩子与不参加项目的孩子。如果虽然都生活在最低生活补助金领取家庭，但参加项目的孩子和父母都比较注重学习成绩并希望继续升学深造，两者间的反差过大，那么，这一组就不具备实验观察的条件。

为避免类似情况发生，分组时无须刻意安排，在自然状态下分出参加小组和不参加小组即可。待观察期结束后所得的观察数据，应该是分组前与分组后的平均值之差。然而，这个实验项目的实际操作有相当的难度，首先举手参加项目的孩子中有一半不仅不能参加项目还要被用来作为参加项目孩子的评价参数。为了一项效果不明的实验而将天真无邪的孩子作为实验品，无论是在道义层面还是伦理层面都不忍心实施。美国的社会科学的不同凡响之处就在于，即便如此也毫不动摇地推进项目的实施，并对其进行评估，相关成果后面有介绍。

在日本，包括消除儿童贫困政策在内的所有政策，均没有"实验性示范及项目实施→效果评估→正式实施"的政策立案。少而又少的学者偶尔会针对自然发生的事情进行评估，即"自然实验"。对消除儿童贫困项目很难进行实证，因为项目实施后到显现"效果"之间需要等待数年，也许有的项目结束后能立刻显现效果，但这个效果维持的时间较短的可能性很大。因此，为获得真实可信的效果数据，除实验外还需要对孩子进行长期跟踪观察。

自然实验（natural experiment）

即便没有进行人为的社会实验，有时也会无意间被选定为项目参加者，如：在经济现状相似的两座城市之间，一座城市实施实验项目，另一座城市碰巧没有实施实验项目。还有，双胞胎兄弟中，因偶然的机会其中一人参加了实验项目，另一人没有参加。能够对双方的各个指标进行对比，从而可以对项目进行评估。这种实验被称为"自然实验"。

佩里学前教育研究计划（美）

这是在实验性框架内严密评测效果的事例。

图表3-2为美国实施的佩里学前教育研究计划（以下简称佩里计划）成果表。诺贝尔奖获得者经济学家赫克曼在研

究中经常引用这个实验的结果作为论据。

佩里计划是针对学龄前贫困儿童的学前教育计划。为保证效果的缜密，此项计划是在试验性框架内进行的，实验对象是贫困地区4岁至5岁的儿童，在自然状态下划分出实验小组（报名参加实验的儿童）和对照小组（没有报名参加的儿童），分别对两组进行长期跟踪调查。两组的差异如图表3-2所示，是5岁、14岁、40岁三个年龄段实验小组和对照小组之间的差异，14岁年龄段，基础学习完成率、高中毕业率等方面，两者出现较大差距。40岁年龄段，在就业率、收

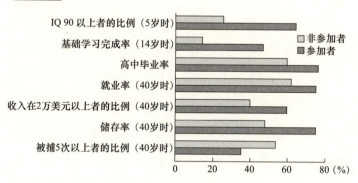

图表3-2 佩里计划的效果

出处：Schweinhart et al.(2005), *Lifetime Effects: The High/Scope Perry Preschool Study Through Age 40*

入等方面拉开的差距之大令人瞠目。此外，储蓄率、被逮捕率等的差距也一目了然。如此丰富的一手资料足以证明佩里计划是一项成效高的实验。

佩里计划在日本的应用

很遗憾，日本没有实施过如此硕果累累的示范性实验。那么只好退而求其次，我们可以将以佩里计划为代表的效果理想的外国实验计划拿来为我所用。在这里拿来主义毕竟胜过那些没有经过任何实验便实施的项目。但有一点需要注意，在别国取得理想成果的项目未必在日本也能收到同样的效果。以佩里计划为例。

首先，要清楚地意识到在社会状态、社会保障制度等方面，日本与美国存在着差异。佩里计划是针对儿童的援助计划，每周一至周五每天为学龄前儿童提供两个半小时的学前教育（保育服务）。美国儿童上幼儿园和保育所的时间要少于日本儿童。佩里计划除援助儿童之外，还包括援助父母的配套措施：每周做一次 90 分钟家访，了解每个家庭的具体困难，主动与父母沟通，对父母进行心理疏导，指导父母育儿，等等。实际上大多贫困家庭的父母有一方患有疾病或某种依赖症，甚至有的父母曾经历过虐待和贫困，他们本人也需要政府援助。许多贫困儿童的父母处于失业、工资待遇低、患有精神疾病的状态，他们本就应该享受福祉政策，如针对贫困者的收入保障制度、住房补助、水电费补助、食物援助等各种服务和制度，以及针对残障者的服务、专门医疗机构的服务，等等。

正因为各方面均具备援助贫困父母的条件，所以佩里计划才得以成功。图表3-2的成果也许是源于佩里计划本身的成功，也许是家访发酵的收获、各种消除贫困政策的集中发力，抑或是佩里计划和多种政策相辅相成、相互成就所致，具体答案不得而知。

遗憾的是，日本的幼儿园及保育所等学前教育机构的课程设计，并没有顾及儿童贫困。如果希望在学前教育阶段也获得佩里计划般的效果，那么，必须同时将贫困父母列为援助对象，除此之外还需要全面完善救助贫困的社会服务措施。

基础条件比较

其次，两国的育儿基本条件也存在着差异。美国没有为双职工父母解决育儿困难的公共保育服务，图表3-2中的对照小组的孩子们或由祖父母或由哥哥、姐姐照看,有的儿童甚至无人照看,也就是说佩里计划实验中的"对比对象",有一部分是没有送到专业机构托管的孩子。与此相反,日本近九成的3岁至5岁儿童被送到学前机构托管(幼儿园或保育所),因此在日本这个年龄段的儿童处于无人照看状态的非常少见。如果日本实施佩里计划,"对比对象"应该是上幼儿园或保育所的孩子们。日本的保育所在父母心理咨询工作方面,没有佩里计划那样面面俱到,但另一方面对儿童的照顾是全日制的,不仅提供伙食还进行体检,这方面的服务要远胜于佩里计划。可以说,如果日本实施佩里计划恐怕其收效会微乎其微。

贫困深度与援助效果的关系

第三,美国与日本的贫困也有可能存在程度上的差异。更确切地说,参加佩里计划的美国孩子,与参加类似佩里计划的日本孩子,他们之间的贫困程度很有可能存在差异。现实生活中的贫困现象千差万别,而且贫困的深浅不同,跨度也很大,有食不果腹水平的,也有中考升学受阻级别的,针对不同程度的贫困所实施的不同扶贫项目,所产生的效果当然各不相同、各具千秋。佩里计划援助的孩子们自身条件糟糕,对照小组中高中毕业者占60%、40岁之前被逮捕5次以上者占55%,对这样的孩子来说获准参加佩里计划无疑是巨大利好,但在日本,参加佩里计划的贫困儿童能否获得相同的效果,至少我本人心存怀疑。

这个疑虑来自一个疑问,就是贫困程度与孩子们的自身条件,两者之间的关系是不是线性的。第一章的图表1-7中的"学力"与父母收入关系呈现线性关系;图表1-8表示哮喘与收入间的关系,分5个分段,第1分段(最低阶层)和第2分段、第3分段以及更高阶层的中产阶层、富裕阶层,第1分段和第2分段与第3分段至5分段的差距之大一目了然,而第3分段与第5分段之间没有统计学层面的差距。图表3-3展示了这两种不一样的差距。

A为线性关系,表示无论在哪个阶层,所实施的援助计划均收到相同效果。无论是贫困阶层还是中产阶层,所有孩子的状况均趋向改善,呈直线上升状态。而另一个数据的线条并未呈直线状(B),对贫困阶层的投资达到X分段时,所有孩子的状况都得到了改善;对中产阶层的投资,其投资力度虽与贫困阶层相同,但孩子的状况反而没有得到改善,直

图表 3-3 贫困与儿童状况之间的关联性（概念图）

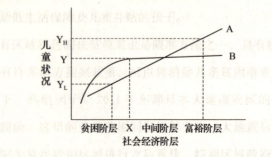

线没有向上延伸。

在贫困研究领域，非直线 B 的各个关联要素引起了专家学者的普遍关注。因为，在这个研究领域将无法拥有"所有人应有的享受（生活）水平"的生存状态定义为"贫困"，并以此为研究对象。只要这个"所有人应有的享受（生活）水平"属于 B 的关联要素，就可以非常简单地将其可视化，更加直观易懂。如图所示，处于 X 之上的社会经济阶层几乎全员处于 Y 的状态，即，只要处在 X 之上，收入的高或低与其所处经济阶层的高或低不存在关联性，就是"所有人应有的享受（生活）水平"都处于"Y"上。那么处于"Y"之下的阶层（未达到 X 阶层）人群应得到扶贫援助，最终升入"Y"。但是，如果关联性为 A，那么将援助对象提升至 Y_L 好

还是 Y_H 更合适?这是个很难做出判断的问题,目前,我手头上没有可供判断的合适材料。

因此,指标的选择是进行政策选择的一个至关重要的步骤。图表1-7为A的典型代表,显示了学历测试成绩与父母收入之间的关联性。假设即便这个学历测试题的难度仅为一学年最基本的学力水平,恐怕测试结果依然接近图表中的B,因此,此类测试区分不了孩子学力的中等水平和高级水平,不适用于孩子大排名。但是,在甄别出"没有得到最低生活保障的孩子"之际,这个测试却不失为理想的方法,可以收到良好的效果。

第三节 政策的收益性

判断"效果"的标准

假设每个立项的示范项目均获准实施。第一步要开展的工作是选定实验对象及确定随意组成的对照小组,接下来需要解决"判断效果的标准是什么"的问题。

目标设定为"提高学力"的项目,可以通过学习成绩和升学率断定其效果,目标为健康的项目可以测试其健康状态,而以健康饮食为目标的项目可以测试其营养摄取量等,只要有了明确的目标,测试指标自然会确定下来。只要毫不动摇地坚守"所有人应有的享受(生活)水平"的标准,每个领域都完全可以设定出适合本领域的、用于测量效果的指标。

测评效果的工作中也存在棘手问题,部分项目的效果是用肉眼测不到的。比如,有益于儿童自我肯定及辅助父母育儿的保育项目、课后援助项目等,而此类项目恰恰潜藏着巨大的能量并发挥了极其重要的作用。例如,近几年风行的校外一对一补习班,孩子们在这里不仅能提高学习成绩,更重要之处在于,在补习过程中孩子们会慢慢地静下心来,逐渐变得能够专注于学习。这是因为在近距离地接触辅导老师等成年人的过程中,孩子们渐渐恢复了对社会的信任,进而社交能力逐步得到增强,源自内心深处的自信让曾经的难题变得容易起来。另一方面,长期坚持校外补习无形中增强了孩子的忍耐力。因此,校外补习与其说是提高了学习成绩,不如说补习过程中的体验更有益于健康成长。但是,问题在于这样的"效果"看不见、摸不着,很难获得客观数据。

对两个不同"效果"进行比较时也会产生问题。欲将所有预期收效的项目付诸实施，在财政支出方面是不现实的，因此需要优胜劣汰，保留预期效果突出的项目。但是，假设有两个预期效果突出的项目A和B，A将贫困家庭小学生的成绩成功地提高了10分；B改善了贫困家庭3岁至5岁的营养状况，将未来患病率降低了10%。那么，我们应该选择A还是B？

未来收益

遗憾的是，到目前为止在A与B的选项之间没有最佳答案，这个问题的破解难度不可小觑。但是，且慢，在经济学领域，每当在选择上左右为难时便以未来收益的大小做取舍标准，即可以用孩子长大成人后的收入高低决定实施A或B。经济学家多将孩子视为"未来人力资本"，并将消除贫困的政策称为"人力资本政策"（Human Capital Policy）。我本人并不完全理解这种唯成果论的评估尺度，但减贫政策并非唯有"同情"逻辑，如果增添"投资社会"逻辑，便容易得到学术界的认同。现今，日本的年轻人若想独立后过上有品质和有保障的生活，基本上需要以优异的成绩考入名牌大学，毕业后就职于大公司名企业，领取丰厚工资。

那么,贫困儿童的未来收入水平是否足以保证其摆脱贫困?换句话说,贫困儿童脱贫的概率有多少?接下来,我以此为切入点深入探讨未来收益性。

探讨儿童脱贫概率的同时不能离开费用与效果的性价比。A 的目标是将贫困儿童一生所得至少提升 1000 万日元,在项目实施过程中每个孩子的投入金额为 500 万日元;B 是将贫困儿童的一生所得提高 200 万日元,每个孩子平均费用 20 万日元,目标与费用均低于 A。如果对象只有一个孩子,无疑 A 计划的效果理想,B 计划也许没有达到脱贫效果,虽然性价比高但脱贫效果甚微。A 计划和 B 计划,二者选一,的确让人难以取舍。

但是,如果将减贫工作视为"投资"的一种,很显然只有 2 倍回报率的 A 计划远不及高达 10 倍回报率的 B 计划,如果已经确定扶贫资金规模,那么毫不犹豫地选择 B 计划,因为 A 计划中用于一个孩子的费用可援助 B 计划中的 25 个孩子。

美国的收益比较

在政策决定阶段,正常情况下不会就 A 计划和 B 计划的性价比进行比较。特别是日本不存在实验框架下的项目(至少在我研究的领域里），所以保证客观地选择政策是比较困难的。

图表 3-4 是在试验框架内测算项目效果的示意图，分为各个项目的费用与效果的性价比，由全美经济研究所（NBER）实施并发布。所举各个项目均属于美国扶贫政策。

图表 3-4 美国减贫计划的收益（推算）（美元/人）

项目	终身所得增加额的推算值	平均项目费用	费用与效果的性价比*
婴幼儿项目			
佩里计划	60.000	15.700	3822
北卡罗来纳初学者计划	55.500	90.000	611
头脑启动计划	24.476	8.000	3.060
州级计划	16.095	6.100	2.639
陪伴计划			
大哥哥大姐姐	7.046	1.480	4.761
教育改革			
明星计划（小班制）	8.325	12.145	685
奔向成功（引入教育课程）	16.095	2.789	5.771
提高教师工资（增加 10%）	5.775	4.440	1.307
大学奖学金			
免听课费 1000 美元	4.662	1.000	4.662
职业培训			
就业联盟	40.355	21.000	1.922
职业高中	49.712	2.800	17.754

出处：P. B. Levine & D. J. Zimmerman(2010), *Targeting Investments in Children: Fighting Poverty when Resources Are Limited*
* 对应 1000 美元的效果

这些项目在实验框架下取得了学习成绩长期稳步上升的良好效果，其中，"终生所得增加额"是推算数值并非实际所得数额，但推算的依据为实实在在的学习成绩提高率。每个孩子所需费用是固定的，所以推算出费用与效果的性价比还是相对容易做到的。

那么，从这个图表中我们能解读出怎样的信息、受到怎样的启发呢？

首先，可以乐观地期待大部分儿童减贫计划的收益性是理想的。在这些具体计划中，除第2项外，其他项目的性价比都很高，部分项目的收益甚至高出支出的数倍、十数倍。由此，可以肯定消除儿童贫困项目获得财政支持的可能性很大。

但是，针对幼儿学前教育的北卡罗来纳初学者计划和明星计划（小班制）不同于其他计划，费用明显高出效果。可以说这两项计划均成功地提高了贫困儿童的终身收入，尤其是北卡罗来纳初学者计划，收入增加的期待值在所有项目中排第二位，但人均费用高达9万美元，大大降低了费用与效果的性价比。而与北卡罗来纳初学者计划相比，佩里计划的收入增加期待值更高，费用反而低于北卡罗来纳初学者计划，只有其五分之一。

> **大哥哥大姐姐项目**
> 在美国始于20世纪初,具有百年以上历史的帮助孩子发挥潜能的陪伴项目。截至2011年每年有20万名孩子参加。最大特征是陪伴孩子的成年人均为志愿者且一对一组合。匹配成一组的成年人和孩子如同平常人家的亲兄弟姐妹一样定期见面,一同练习打棒球或一起享用冰激凌,但是没有教授孩子学习的任务。此计划认为,小孩子身边有特定的大人陪伴,利于孩子身心健康成长。实践证明,此计划在学习成绩提高、降低孩子的危险行为、改善自我认同感方面效果喜人(BBBS 2013)。

> **职业高中**
> 普通教育课程与职业培训并行的小规模高中。九年级升入十年级(中学升入高中)时入学。十二年级(高中三年级)时开始特定领域知识的学习(如医疗和看护等)。与当地企业联手安排学生实习(CEEP 2012)。

4个婴幼儿项目中有3个项目的费用与效果的性价比约为3倍与4倍之间,是值得长期信任的项目,美中不足的是需要控制成本。在以年龄稍大的孩子为对象的职业培训项目中,有的项目的性价比是相当理想的,如"职业高中"。此外,在学校教育领域,与小班制比较,学校开设新课程的性价比更高、更理想,这个结果大大出乎常人意料。

当然也有低成本高收益的项目,"大哥哥大姐姐"项目即是。"大哥哥大姐姐"在这里代表值得信赖、比自己年长的倾诉对象,这个项目在美国历史悠久。此外,每1名儿童还配备1名专职人员,全天候专门受到照料日常起居。身边时刻有如此专职守护的成年人，儿童的学习态度就能大大改善，这为儿童学习成绩的提高做出了可喜的贡献。这个项目的绝对优势在于成本低、可操作性强，值得考虑在日本推行。

第四节 对日本的启示

目前，日本的消除儿童贫困事业尚处于起步阶段，没有与美国相媲美的效果测评数据及收益推算数据。那么，读者自然会产生疑问：上述讨论不是纸上谈兵、毫无实际意义吗？

我本人当然不这么认为，因为掌握政策和项目的评估方法，将有助于日本相关政策的制定。

首先，从数个候选政策中选定实施政策之际，最重要的是选择能长期得到回报的政策，因为消除儿童贫困事业在短期内不可能快速收获回报。从长计议，扶贫政策可以让孩子们成年后收入增加、具有纳税能力、自觉缴纳社会保险、为 GDP 作贡献，但是此类扶贫政策也必定是支出型的。扶贫是对儿童的"投资"，投资期间从儿童期到成年长达 20 年，属于长线"投资"。转换观点，将扶贫的"费用支出"视为"投资"，那么自然会发生"投资"优先顺序问题。有两个计划可选择，一个是仅提供"衣食住"的基本生活保障计划，另一个是在保障衣食住的基础上提供教育即"衣食住＋教育"计划，毫无疑问，后者的费用要高于前者，但回报率也会远远高于前者。

其次，需要完成具有评估投资收益性的制度设计及示范项目。这既需要社会科学试验，也需要效果测评的客观数据。为此需要改变以往安于项目业绩的操作形态，工作不能只停留在翔实记录听课的人数、预算的使用情况等层面上。必须清楚地意识到，投资型减贫计划需要能确认效果的数据，而数据的收集也需要资金支持，因此，在政策筹划阶段，支出和与之相应的财源支持是不可或缺的。

最后，在选择项目之际须对试验对象严格把关。图表3-3的B显示，投资贫困儿童，其效果不是绝对稳定的，因此，制度设计时应瞄准那些效果良好的政策。简而言之，需要设计出优先扶助那些条件极差的孩子的政策，为此，需要不断完善实验对象的挑选方法。下个章节将对此做详细讨论。

第四章 选定实验对象

选定实验对象对项目设计至关重要。有人会问:贫困家庭的孩子难道不是消除儿童贫困项目的首选对象吗?的确,理论上应该是这样的,但在现实生活中并非如此简单。怎样甄别"贫困儿童"?能够获准展开问卷调查吗?可否采用最低生活保障制度的方法摸清对方家庭的储蓄状况、家人的抚养能力?是否允许选定儿童养护中心、低保户、单亲家庭的孩子为实验对象?是否对儿童的年龄有限制?每走一步都有不能躲避的数个问题在等待。

还有一些现象会让工作复杂化,为此实际操作时应避免简单粗暴的应对方式。为贫困儿童创造美好未来的"政策"是儿童脱贫政策的首要任务,但在现实中儿童脱贫政策并非仅针对"贫困"儿童。首先是义务教育政策。日本在国家近代化进程中,为确保贫困儿童健康成长决定实施义务教育,决策者断定义务教育是所有政策选项中最理想的方案,但义务教育制度本身并不区分贫困层和富裕层,它对所有孩子一视同仁、同等对待。其次是保育所、课后学童保育所、儿童馆等社会设施,这些设施虽然会根据家庭收入相应地收取费用,但总体上所有家庭都有能力负担。无论是义务教育还是上述社会设施,只要是针对所有孩子的,那么就都属于"普惠制度"（或通用制度），而与此相反的制度，即限定条件的制度属于"筛选制度"（或精准制度）。

进入正题前，我先梳理一下"普惠制度"和"筛选制度"的利弊，之后设定社会采用了筛选制度，以此为前提论述如何确定儿童扶贫的对象。

第一节　普惠制度与筛选制度

精准度之低令人绝望

"不知为什么我们特别不擅长瞄准标靶？"2012年，联合国儿童基金会因诺琴蒂研究中心的纽鲍格部长曾如此大声哀叹道。我对他当时那双摊开的大手和沮丧的表情印象深刻，至今仍觉历历在目。在曾经参加过的一次国际学术会议上，欧洲资深社会政策专家和学者占多数的出席者们，围绕"儿童援助范围应限于贫困儿童还是面向所有儿童"议题展开讨论，参加者之一的纽鲍格部长是"面向所有儿童"扶贫政策的坚定支持者，他对自己如此坚持的最重要原因解释道：在实行筛选制度的国家中，许多被筛选掉的儿童反而失去了获得援助的机会！对他的肺腑之言，与会代表们点头称赞并报以热烈的掌声。纽鲍格还强调，无论筛选工作多么严谨、天衣无缝，无法改变的结果就是有一部分孩子被排除在外，从而失去应得的援助。相反，普惠制度则不同，由于它是针对所有儿童的，所以不可能出现这种遗漏现象。无疑普惠制度是保证贫困儿童健康成长的首选制度。

上游政策及下游政策

纽鲍格部长及欧洲绝大多数国家支持现金支付和实物（服务）支付两种扶贫政策。这些国家对申请儿童补助和保育服务等方面没有设定收入上限，与此相反，美国与澳大利亚等盎格鲁－撒克逊系的国家，则在消除贫困制度方面有诸多条条框框。欧洲和美澳两种不同制度设计的背后是有关消除贫困的两种不同理念。消除贫困政策有"上游政策"和"下游政策"之分。先于贫困发生而实施的防范性政策为"上游政策"，目的在于构建杜绝贫困滋生的社会结构和制度。上游政策在实施过程中严格贯彻义务教育，执行最低工资制，为所有人提供平等就医的医疗服务等。"下游政策"是为贫困者制定的最低生活保障政策，具体内容包括最低生活保障制度、学费补贴、现金支付、为低收入者提供免费和低额医疗服务等。两种政策均采用实物支付（提供医疗服务、保育服务等）及现金支付（支付生活费等）形式。

上、下游政策的根本区别在于是否对服务对象进行"贫困者"和"弱者"的筛选工作。"下游政策"只针对"贫困者"，所以必须保证服务对象是贫困者。最低生活保障制度就是典型例子，它规定低收入标准为：持有的现金数量（储蓄）不足维持半个月的生活、没有养育自己的亲人、没有劳动力等。限制条件也颇多，唯有符合所有条件才能获得领取最低生活保障金的资格，因此，下游政策属于"筛选制度"。

与此相反，"上游政策"面向所有人，不需判定服务对象是否为贫困者。无论是"富二代"还是吃不饱的"穷二代"均可以平等接受义务教育；无论是为油盐酱醋柴发愁的贫困者还是生于富裕家庭的大学生打工者，都可以享受最低工资待遇。"上游政策"不以"如果没有外界资助自己的生活便会陷入困境"为支付标准，其理念为：最低工资是所有劳动者付出劳动后应得的报酬。孩子有接受义务教育的权利，劳动者拥有领取最低程度的劳动报酬的权利。那么，这个支付方式是一种"救济"还是对"权利"的尊重？在这个问题上，支付方和被支付方在意识上存在差别。

对筛选制度的批判

普惠制度和筛选制度，除了在意识形态上存在着巨大差异外，在其他很多方面也有不同。普惠制度倡导者这样抨击下游政策（筛选制度）：筛选制度是政治产物。锁定贫困儿童的扶贫制度最后往往沦落为削减补贴的对象，即便在欧洲也摆脱不了这个厄运。以母子单亲家庭和残障者为对象的补助制度对就业有严格限定，申请资格的条件苛刻，在上个世纪90年代甚至遭遇大范围缩小补助范围的厄运。日本的儿童扶贫制度也有过相似的命运，2012年对最低生活保障制度的声讨声一浪高过一浪，政府迫不得已推行了一系列制度改革，其中就有儿童抚养补贴制度。舆论与政策主张随时代变迁而发生变化，这让处于下游的减贫政策长期处于被动状态，属于弱势政策。

下游政策覆盖的人群毕竟是一小部分，对大部分人来说这个政策"事不关己"，也正因为如此，非常容易引起人们的反感，并很难获得中产阶层的支持，因此这个制度的未来之路一定是越走越窄。相反，普惠制度强调的是"权利"，削减政策福利必将会遭到高收入阶层、中产阶层的反对，因此缩减福利是不可能的。若希望为贫困儿童提供长期稳定的资助，那么选择普惠制度是明智的。

第二种批评来自偏见者。在下游领取补助的贫困者，往往会遭到那些带有偏见者的中伤，并被社会孤立。时至今日，"领取最低生活保障金是家族的耻辱"的观念根深蒂固，社会对领取最低生活保障金的行为充满偏见和蔑视，领取最低生活保障金也会成为欺凌贫困孩子的借口。2012年媒体爆料某艺人的母亲曾领取过最低生活保障金，由此引发社会对最低生活保障制度的大肆批判，这期间部分领取者变得焦虑不安、担惊受怕，不敢出家门，甚至产生了自杀念头。对"贫弱"条件的要求越是严苛，符合条件的贫困者受社会排挤的可能性越大。

第三种批评针对的是筛选费用。为准确把握每个家庭的收入而展开调查工作，其花费的行政成本也是可观的，不可小觑。有关筛选工作花销高的争论焦点集中在"摸清贫困实情实在困难"。"是否属于真正贫困人口"的判断工作，不仅要查清具体收入，还要了解本人资产情况，这个工作需要行政成本的支持，此外还要承担可能遭受辱骂的风险，如"采集的信息不准确"等的指责。因为,日本这个国家向来对个体经营者收入调查持有微词,认为调查数据缺乏准确度。调查工作所需的成本支出对行政方来说是非常大的。不仅如此,经过严格筛选出的领取者的付出也不可谓不小。候选者有义务证明自己"值得获得补贴",为此,福利事务所要联系申请者早已疏远了的亲人和亲戚,确认他们没有抚养的意愿。仅此一点就让许多贫困者遭受精神折磨,痛苦不堪,迫不得已放弃最低生活保障的申请。

第四种批评认为,对收入设置上限导致劳动意愿下降。如果父母的收入高于儿童补贴上限,那么,父母怎么能不设法减少工作时间呢?申请的额度越高,故意减少工作的可能性越大。再有,支付额度随着收入增加而降低的制度设计,也难免这种消极态度的产生。即便将最高税率限定在一定范围内,也不能排除对劳动者产生负面影响的可能性。相反,普惠制度在支付额度方面没有特别的限定条件,有无工作都予以支付,因此不会影响到领取者的工作积极性。

第五种批评是纽鲍格部长指出的"人员遗漏"问题。无论多么精准的筛选项目,也一定会出现被漏掉的孩子。日本的很多扶贫政策对收入有条件限制,计算收入时所采用的数据是上个年度的数据。但上一年度收入超过收入上限，今年收入突然减少的案例也很多，对于这种变动，政府部门很难做到灵活的、及时的应变，遗漏问题不可避免。再者，一些符合条件的人群因各种原因无法领取补贴，如：无法补齐信息、本人根本不知道这个制度、出行不便、无法到政府部门办理手续等。符合条件人群中的成功领取人数比率，学术界称之为"捕捉率"，世界上无论哪个国家扶贫计划的捕捉率都没有达到百分之百。日本厚生劳动省推算的最低生活保障捕捉率在32%至87%之间，而研究学者普遍认为在10%至30%之间，两者相差甚远。

普惠制度的不足

普惠制度的短处即筛选制度的长处，筛选制度的最大长处与普惠制度的最大短处就是财政负担前者轻、后者重。的确，以保障基本生活为本的制度，不仅资助贫困者，也向高收入人群发放相应补贴，为这种举措找出正当理由实在不是件容易的事。有人会指出：在相同财政规模条件下，为将更多的资源向生活困难的孩子倾斜，应该严格控制收入水平条件。这种放弃"广而薄"，推行"少而厚"的补贴政策的主张很有说服力，不仅得到扶贫推行者的认同，在欲将扶贫财源支出压缩至最低水平的消极派中也得到拥趸。尤其在日本财政严重不足的背景下，"支出"被视为最大禁忌，由此实行了一段时间的普惠性"儿童补贴"，于2012年在一片质疑声中无奈退场。

另一种反对观点指出，虽然筛选制度只考虑眼前需求，有目光短浅之嫌，但普惠制度也不过是一场政治秀，目的是为选举拉票、笼络民心而已，简而言之，普惠制度是撒钱散财。这个观点抨击现金支付就是"撒钱散钱"，因为它不顾及需要与否，只是一味地发放补助，将宝贵的资金塞进了富裕人群的腰包，是在浪费国民的税金。

但是，对普惠制度的批判有一个不可思议的现象，即批判仅限于普惠制度中的"现金支付"部分，对其他形式的支付没有微词，没有人认为富人家的孩子接受义务教育是浪费税金、撒钱散财，也没有人指责在职人员同样享受免除30%医疗费的医疗普惠服务。

还有部分意见建议，将义务教育和医疗服务等实物服务转为普惠制度，将现金支付转为筛选制度。但是，尤其是近几年，已经很难辨别哪个制度属于现金支付类，哪个政策属于实物支付类，因为如今所购买的服务不管来自民间机构还是公共部门，均可以得到政府资金补贴。比如，保育所的入所费分数个价位，保育服务属于实物支付，利用者可以利用现金支付获得保育费用的减免，从而减轻部分负担。

负担的累进和递减

前面没有涉及费用负担者的问题。在讨论普惠制度和筛选制度时，不应只强调"应支付给谁"的问题，也应该思考一下"由谁负担这笔费用"的问题。

普惠制度需要巨大的财源做支撑。普惠制度论者主张采用累进的方式来保证财源，即越富有负担越大，富裕人群所得虽高，但承受的负担超出所得，这样，既满足了富裕阶层的需求，也保证了财源，两全其美。倾向于这个政策的政府自然会走向"大政府"。

选择筛选制度可以最大限度地减轻财源负担，当然这部分财源大部分来自富裕阶层，筛选制度本身所需的投入不大，所以不构成大负担，小政府普遍选择这个制度。

2013年10月日本政府决定开征消费税，有关累进式税收和递减式税收的讨论风生水起。我们在讨论负担问题之前，有必要了解一下日本近年来的有关减税的主要观点。

1999年开始实施"所得税定率减税"及"购房按揭减税"等减税政策,这个举措是针对纳税高的人群及购买住宅的人群,实际上是收入越高、越富有者获益(减税)越大,这个政策根本谈不上所谓"平均受益",仅达到了越富有越获利的目的,属于递减式税收政策。此外,日本自20世纪80年代后期以来数次进行税制改革,降低了所得税和继承税,这些基本上也属于为富裕阶层带来更大利益的制度改革。由此可以断言,在日本累进式税收制度已经变得极其式微。这更进一步说明一点,社会保费是典型的递减式设计,而消费税看上去似乎属于递减税,但无论是储蓄丰厚的人群,还是缴纳不起所得税和社会保费的贫困人群,都需要分担国家负担——缴纳消费税人人有责。

因此,在指责儿童补贴是撒钱散财之举之前,是不是有必要了解一下负担的累进性和递减性?

更有效的减贫制度

普惠制度和筛选制度各有千秋。那么,两者哪个减贫效果更佳呢?是"大政府"式的将负担与支付大包大揽地进行再分配,还是"小政府"式的只面向贫困层支付最低生活保障？对此，来自社会政策学会的定论是普惠制度的减贫效果更佳。

沃特·科尔皮与约金·帕尔梅在著名的论著中指出，社会保障制度的"普惠程度"（与此相反的是"筛选程度"）与一国政府的"再分配度"存在一定的比例关系。"普惠程度"是指普惠制度在政府年金、最低生活保障等制度中所占的比例，"再分配度"是一个国家实际缩小收入差距的指标。我对多个发达国家的数据进行了分析，结果发现，实行普惠制度的国家成功地缩小了收入差距，其代表国家为瑞典。美国是筛选制度的代表，理论上筛选制度应该对缩小收入差距产生直接效果，但实际效果却恰恰相反，沃特·科尔皮与约金·帕尔梅将其命名为"筛选制度悖论"。

为什么普惠制度可以缩小收入差距？原因在于投入再分配的财富的绝对量，即普惠制度国家是大政府，投入再分配的财富规模很大。筛选制度国家，受制度所限投入再分配的财富规模较小，即便从小蛋糕中切出最大的一牙分给贫困人群，绝对量还是少的。

在近年发表的论文中，有专家学者主张推翻"筛选制度悖论"，他们指出，科尔皮和帕尔梅的分析引用的是20世纪

80年代之前的数据，而用同样方法分析10年后的90年代的数据，结果显示普惠制度与再分配之间的关系已变得松散，而对21世纪数据的分析结果显示两者的关联性已荡然无存，对此结果我深感无奈。主张推翻"筛选制度悖论"的原因有二，一是传统普惠制度国家丹麦改弦更张成为筛选制度国家，二是以美国为代表的筛选制度国家调整纳税制度，将适用于低收入人群的返还型减免税制扩大到了中产阶层。

因此，是否能有效地消减贫困，关键在于再分配蛋糕的大小，而不在于普惠制度或筛选制度本身。无论是普惠制度国家还是筛选制度国家，只要政策蛋糕小，就无法有效地消除贫困。

善于精准投放的国家

针对联合国纽鲍格部长的发言，澳大利亚一位学者驳斥说："您之所以持有这种观点，是不是因为您只盯着欧洲而没放眼全世界？"

澳大利亚是典型的筛选制度国家，极致到对公共退休金的领取都设置了苛刻的条件，收入超过一定额度的人甚至没有资格领取公共退休金。筛选制度在这个国家大行其道，是因为国民认为:"有钱人也要享受政府补贴,是可忍,孰不可忍!"同样是这位学者主张:"澳大利亚筛选文化历史悠久,谙熟其市场操作。不擅长精准投放,应该是普惠性社会保障制度的始作俑者欧洲各国的通病。"

欧洲学者和澳大利亚学者的观点都有合理性,但需要牢牢把握住的观点是为什么要精准投放。筛选出社会最贫困层对象而进行精准投放,实际操作起来并非易事。日本在最低生活保障金发放方面,倾注了大量人力和物力来审核对象的状态,对收入、资产、储蓄以及亲属和医生开具的无劳动能力证明等进行严格审查,如果没有通过"资格审查"便不能获得最低生活保障金。但是,这个"资格审查"并不是万能的,限制条件越严苛,漏掉真正需要补贴的贫困者的可能性就越大,现实中真的发生过这样的事例,即纽鲍格部长所指出的漏发问题。

但是,澳大利亚的精准投放的目的不在于"筛选出最贫困者",而在于"排除富裕人群",政府对有关儿童补贴和公共退休金方面的收入限制相对宽松,中产阶层也有资格享受这些福利。因此,在这个国家即使没有严格的"资格审查",也不会发生偏见及漏发补贴的问题。这种精准投放虽属筛选制度,却具备普惠制度的优越性。

日本的现状

日本的社会保障制度可以用"全民皆参保""全民享用年金"来形容,似乎是属于以普惠制度为主的国家。但是,2010年正式讨论是否实行普惠性(全员发放)儿童补贴制时,却遭到各方的强烈批判,导致实施中的儿童补贴制仅延续了两年,取而代之的是有收入限制条件的儿童津贴制。儿童补贴的普惠性遭到国民反对,2009年的数个意识调查结果显示,"应该设有收入限制"的意见占绝对优势,以2009年11月23日《每日新闻》的调查结果为例,"应该设有收入限制"的答卷占64%,"应该按承诺全员获得补贴"的答卷仅有19.3%。

日本人认为普惠性发放现金是可笑的"撒钱散财"行为,给高收入人群发放补贴会让人产生负面情绪。这与澳大利亚人的情感相似,两者的不同之处在于澳大利亚人认为补助贫困人群"天经地义",日本人则对补助贫困者的行为要求苛刻。在日本以最低生活保障、儿童抚养补贴为代表的以现金支付的制度,因不断遭到社会非议而被迫缩小补助范围。就是说在日本,无论是将高收入人群纳入在内的普惠性现金制度,还是只锁定贫困人群的筛选型的现金支付,都没有获得全民善意的支持。

另外,实物支付也多为普惠性发放。很少有人反对老年人医药自费负担率及教育、保育等给儿童补贴的纳税优惠政策。税金的优惠政策也是如此。由此可见,日本人并非反感"普惠"制度,反感只不过是对"钞票政治"的一种过激反应。

第二节 锁定目标

鉴于财政现状及民众对普惠制度的过激反应,日本很难选择普惠型制度。为最大限度地发挥普惠制度的长处(遗漏少、避免发生歧视、运营成本低、劳动情绪不受影响等)以及最大限度地减少财源支出,制度设计需要将儿童减贫政策的短板降到最低水平,同时应提高筛选成功率。以下列举的制度既具合理性又适合日本,供各位读者参考。

首先是实物发放。尽管实物发放属于普惠制度,但我还是要强调一下,必须选择一个为实物发放保驾护航的制度,以确保实物发放到每个贫困家庭。为此,再次提醒,必须对

第三章提及的"所有人共享的生活水准"有一个清醒的认识，也要明确哪些措施能保证义务教育阶段的教学质量。简而言之，就是采取措施将"遗漏"的风险降至最低直至接近零。另外，也需要调整医疗服务、学前教育（保育服务）、饮食、课外活动等方面的政策，因为在政策调整过程中，就会深切感受到锁定特别需要援助群体的重要性。调整政策时可以采用没有收入条件限制的甄选法，比如，设计教育制度时充分保证全日制高中的资源投入，在不需要筛选学生的前提下，也可以达到向贫困层倾斜资源的目的。

另一方面，将现金发放设定为具有筛选性质的制度，提高贫困层的再分配额度。现阶段日本单亲家庭贫困率已超过50%，这个实实在在的数据足以说明，迄今为止发放给有子女贫困家庭的现金额度，已明显不足，现金发放远远没有发挥其作用。第五章涉及了多种筛选方法，建议增加筛选方法（尤其是提高针对单亲家庭的支付中的儿童补贴）、提高死者家属年金、增加最低生活保障中的儿童补贴。在这里，我要特别呼吁，扶贫的当务之急是增加现金发放量。

日本当下的儿童补贴制度接近"澳大利亚式"筛选制度，对收入条件要求较宽松，一对夫妇养育两个孩子的家庭的年收入不超过960万日元即可，十分接近普惠制度，长期受到大众欢迎。儿童补贴制度，无论补缺筛选式现金支付，还是完善普惠式儿童社会保障制度，我都真诚地希望它长长久久，一直延续下去。对儿童补贴制度之外的支付制度，尚需要制定一份更加严谨的筛选菜单，有关单亲家庭、最低生活保障金领取家庭、失业家庭等的各个现金支付项目，虽说已经比较完善，但依然需要不断修正和完善。

标靶的形态

制定脱贫政策之前，需要瞄准标靶、掌握标靶规模（图表4-1）。

首先，运用相对贫困率统计贫困儿童人数。使用厚生劳动省2009年未满18岁人口的贫困率15.7%乘未满18岁人口，得出未满18岁贫困人数为326万人。按这个计算方法得出母子单亲家庭123.8万户，父子单亲家庭22.3万户；母子单亲家庭孩子人数平均为1.58人，父子单亲家庭的孩子人数平均为1.56人（孩子具体年龄不详，含未满18岁）；单亲家庭孩子总数为230万人。并非所有单亲家庭都是贫困家庭，但在相对贫困儿童中贫困家庭的占有率高达20%。

图表 4-1 研究对象的金字塔

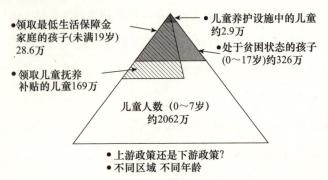

出处：人口估计——与 2009 年比较。文部科学省统计局，登记儿童人数：2007 年 10 月为止。全国儿童养护设施协议会。领取者人数：国立社会保险与人口问题研究所网站

领取公共补贴的人群是扶贫的候补人群。如：领取最低生活保障金和育儿补贴的家庭中的及儿童养护设施中的孩子都是贫困者，这些孩子有资格接受援助，那么这群孩子的规模有多大？

2011 年儿童养护设施中的儿童人数为 2.9 万人，为相对贫困儿童人数的 1%，可以说是浮出水面的冰山一角。这只不过是摆在明面上的最贫困孩子的人数。领取最低生活保障金家庭的 0 岁至 19 岁的孩子约 28.6 万人，这数字是儿童养护设施中孩子人数的 10 倍、占 19 岁以下孩子总人数的 12%。

为消除连锁贫困，近年政府一直在推广资助低保家庭孩子的学习项目，为他们提供免费学习服务。在项目实施之际千万不要忽略这样的事实：最低生活保障家庭孩子的人数在所有贫困儿童中占比不高。育儿补贴，是以现金的形式发放给低收入单亲家庭的补助金，最初仅限于母亲单亲家庭，自2010年后扩大到父亲单亲家庭，这个制度设定的收入上限要略高于划定相对贫困率的贫困线，领取人数（家长）约107万人，虽然没有相关儿童人数统计，但还是可以推算出来的，父母领取人数乘以单亲家庭平均孩子数得169万人，这便是领取育儿补贴家庭的儿童总人数。

从约3万人到300万人，跨度近100倍，即筛选制度框架下的大小规模间差距高达近100倍，如果在普惠制度框架下这个差距更大。制定消除贫困政策之际需要明确标靶的大小、资助的规模及深度，才能做到有的放矢、精准扶贫。

瞄准标靶的方法

如何瞄准减贫标靶？大多数情况下首先想到的是设定收入上限，但是，瞄准家庭经济状况并不是唯一方法。根据每个孩子的年龄、家庭的具体情况，标靶有大有小，况且享受补助的孩子也有成为标靶的可能，如儿童养护设施中的孩子、领取最低生活保障及儿童补贴的孩子。

有区域特色的扶贫政策也是瞄准方法之一，具有独创性。日本有许多地方振兴政策，可以将消除儿童贫困事业纳入其框架下。典型例子是2011年东部日本大地震灾区的扶贫行动。震前，这里的儿童贫困问题比较突出；大地震后，这里被划定为复兴特别区域进行灾后重建，特别区域政府遂将消除儿童贫困工作纳入重建工作的框架内。受此启发，贫困率及上学援助金领取率高出一定数值的地区，也可借鉴复兴特别区域的举措，做创新性尝试。美国和英国也开始根据不同地区的贫困率调整公用资源额度，制定新形式的援助项目。我之所以列举这些例子，就是为了强调避免盲目分配资源、确定瞄准标靶的方法的重要性。

此外，也可以根据学校和设施的具体条件因地制宜地确定援助标靶。我的建议是应将更多的资源，向贫困孩子比较集中的全日制高中等教育机构倾斜，因为其投入与收益的性价比高。还有，在义务教育阶段，相对比较容易推算出学生的"贫困度"，对于这个阶段"贫困度"高的学校，应在教员、心理咨询师的配置方面给予大力支持。

第三节　划定年龄界限

划定年龄界限，也不失为瞄准标靶的方法之一，但实际操作时需要具体问题具体分析，要与扶贫措施密切配合，切忌一刀切。偏重奖学金的扶贫项目，标靶是 20 岁左右的在校大学生；侧重婴幼儿教育的项目，标靶则是 0 岁到 6 岁的孩童。正常情况下，不应该将孩子年龄和减贫项目内容分开讨论，但有关减贫项目的内容在第五章和第七章已有涉及，所以在此只单独探讨年龄问题。

"应将哪个年龄段的孩子视为扶贫对象？"外国专家学者已明确给出答案：0 岁到 6 岁的学龄前儿童。

在进入正题之前，事先声明一下，指定 0 岁到 6 岁的学龄前儿童为扶贫对象，并不意味以其他年龄层为标靶的儿童扶贫项目效果欠佳，同样也并不意味唯有学龄前儿童扶贫项目卓越超群。除 0 岁至 6 岁学龄前儿童的扶贫项目之外，其他项目也同等重要，不过是学龄前儿童项目更加重要一点罢了。

婴幼儿期的贫困影响深远

美国的两个数据可以证明这个结论。

有数据表明,婴幼儿期贫困的危害程度在儿童期贫困中是严重的,对一个人的一生造成的恶劣影响最深。但是使用数据证实这个论点不是件容易的事。首先,需要一组跟踪观察婴幼儿期的完整数据,从婴幼儿开始一直跟踪到成年的完整数据。此外,为了将婴幼儿期的贫困单独抽出来观察其影响,还需要一个只在婴幼儿期经历过贫困,之后成功摆脱贫困的样本。此数据采集工作相当困难,因为在家庭收入方面很少发生大起大落的情况,所以为获得充分的相关数据,需要展开超大规模的调查工作。

美国社会学家邓肯和布鲁克斯在一篇论文中采用了完美的美国数据,相关方面的条件也无可指摘。论文以高中毕业率为切入点,分析比较父母的平均收入高低对各年龄段（0～5岁、6～10岁、11～15岁）孩子的影响。这篇论文的卓尔不群之处在于,成功地将受父母收入左右的各个儿童年龄段抽离、独立出来,并分别对各年龄段进行分析。论文认为,0～5岁时的父母收入与高中毕业率有关联,但现实生活中这种关联性有可能是"浮于表面的假象"。0～5岁时的父母收入与11～15岁时的父母收入之间，虽然存在着实实在在的紧密关系，但孩子是否能顺利完成高中学业，最关键的是11～15岁时的父母收入水平，与0～5岁时的父母收入关联性没有想象中的那么密切。无论如何，这篇论文采用0～15岁时的父母收入数据，推算出了父母收入对0～5岁、6～10岁、11～15岁3个年龄段的孩子的不同影响，具有重要意义。

其推算结果如图表4-2。

图表 4-2　父母收入水平对孩子高中毕业的影响

	儿童期的 3 个年龄段		
	0～5 岁	6～10 岁	11～15 岁
父母收入系数	0.14*	−0.02	0.04
调整后的 R2	0.169		

注：系数为正时影响为正，系数为负时影响为负，* 为有意义统计
出处：Duncan & Brooks-Gunn（1997），p. 604

如图表所示，在3个儿童年龄段中，"父母收入水平对孩子高中毕业的影响"的数据，得数最高的年龄段为0～5岁，即影响最大，对其余两个年龄段的影响不大。换言之，哺乳期经历过贫困的孩子，即便长大后因家庭经济条件改善摆脱了贫困，依然无法彻底摆脱婴幼儿期贫困造成的伤害。邓肯

等学者的论文中也有相似的论点。这篇论文还指出，婴幼儿期的父母收入水平，即便没有影响到第二和第三年龄段，但还是影响了孩子成年后的收入及工作时间。

克鲁格与赫克曼的争论

有关婴幼儿期贫困的研究，近年来有一个争论一直引起普遍关注，即美国著名经济学家克鲁格与诺贝尔奖获得者经济学家赫克曼之间的争论。

克鲁格认为：消除贫困政策与具体项目（教育、职业培训等）属于可以产生效果、积极的人力资源投资，这方面的政策和项目在13～30岁的人群中都会产生理想效果。支撑这个观点的是美国政府主办的职业培训项目，那是一个针对年轻人的就业援助计划，专门招收高中退学的16～24岁的年轻人，投入到每个人头上的人才培养费不菲。对此克鲁格认为，相应的投资回报率也不低，高达10.5%，支出费用与效果的性价比高。

而赫克曼对此观点持反对意见。他一贯坚持"一个技能孕育着更高的技能"，换言之，13岁以后接受技能培训，其效果的高低依赖于基础阶段的学习能力基础，而基础学力的高低由幼年时的智力水平决定，一环套一环，环环相扣。13岁之前没有打牢基础，日后投资再大也不会收到预期的理想效果。图表4-3是人力资本的费用与效果的性价比。

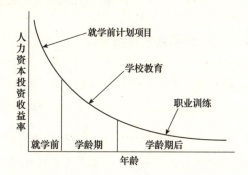

图表4-3 人力资本投资的收益率概念图

出处：J.Heckman and A.Krueger(2005), *Inequality in America:What Role for Human Capital Policies?* p.91

再次总结一下赫克曼的观点。首先，他认为不同经济阶层的大学生升学率不同，这是由学力水平决定的，与短期性经济问题（交不起学费和入学金）无关，即贫困阶层的子女很难获得高等教育带来益处的原因，并不完全在于付不起学费，义务教育阶段显现的学力低下问题才是根本问题。其次，学校教育为未来劳动市场创造的价值（收入）并没有预期的那么理想。影响学力和未来收入的是，在测试中表现出的认知力及社交能力、自律性、忍耐力等，而这些能力是在婴幼儿期至成年期养成的，也是在家庭环境中潜移默化地形成的。由此得出结论，对因家庭贫困无法健康成长的孩子，扶贫工作应该从婴幼儿期开始介入，早期政策介入的效果最佳。

政策介入的效果具有持续性吗？

在这里假设认同赫克曼的观点。如果加大对贫困婴幼儿的扶贫力度，那么，很有可能孩子升入中学和高中后变得不需要补助。持相反态度的观点认为，项目实施期间所收到的效果，在项目结束后不久会渐渐缩小，直至消失。即，政策介入的效果是否有可持续性？

对这个问题的探讨有两种模式，阳光曝晒模式和阶梯式瀑布飞流模式。阳光曝晒模式指在户外接受阳光的曝晒后皮肤变成健康的小麦色，但经过一段时间后小麦色渐渐退下，肤色又回到原来的样子，因此，人们说政策介入效果遵循阳光曝晒模式，欲维持效果需要不间断地投入支援。

阶梯式瀑布飞流模式指从最高阶梯处注水，水会顺着阶梯自然而然向下流动，直到最低阶梯。在婴幼儿期早期介入，打好体质与智力基础，即便将来中止政策介入，效果依然会持续生效。例如,如果在孩子学龄前开始介入,纠正孩子的不良习惯行为,提高学习能力,那么,这样的孩子上学后成为老师眼中的"问题孩子"的可能性很小,孩子愿意接触老师,师生关系良好。可以说早期介入间接地改善了孩子生存的外部环境。赫克曼似乎赞同这个观点。

克鲁格与赫克曼的争论并没有止步于此,还在继续。介入婴幼儿期的重要性虽已得到证实,但现实生活中摆在人们面前的不争事实是,第三章中在高中毕业后实施的职业培训的效果比较理性,其投资和效果的性价比较高。尽管如此,我还是坚持这样的立场:如果将年龄段设为扶贫标靶,那么,婴幼儿期是理想的选择。

第四节　精准扶贫的陷阱

单纯以财政状况而论,扶贫工作无疑需要某种程度的精准投放。但瞄准标靶的精准投放也潜在着令人担忧的风险,只针对贫困阶层的筛选制度,不可避免地会遭到排斥、偏见,甚至诟病。最低生活保障制度便是这方面的典型,这个制度分别于 20 世纪 80 年代和 21 世纪初遭到社会的强烈抨击。

某地方议员曾表示:"市民很厌恶最低生活保障金领取者。"这句话给我很大触动,我不解:最低生活保障制度是市民生活的最后一道安全防线,为何遭到如此诋毁?不得不说这个制度是日本社会政策的最大败笔。为防止重蹈覆辙,在执行精准扶贫过程中,需要精心策划及周密的安排,非全身心付出很难达到目标。"彻底消除儿童贫困"项目的全国网络共同代表、立教大学汤泽直美教授曾表示:当听到某位年轻人为自己领取低保而自责时,心中一紧,备感痛楚。因此,我们有责任认真做出正确的制度选择,以避免因享受制度而让孩子遭受煎熬。

第五章 现金支付

本章具体分析现金支付和实物支付这两种政策方式。现金支付是向家庭发放现金的政策选项,包括儿童补贴、失业补贴、最低生活保障金等,获得的现金不需要纳税。实物支付是发放实物、提供服务的政策选项,日本所提供的此类服务包括教育、保育、医疗、食品、住宅等,其中教育、保育、医疗等深入人心。

第一章节涉及现金支付及其在消除儿童贫困方面产生的效果,本章的论述将从外国研究成果开始,之后深入浅出地阐述现金支付和实物支付的长处和短处。做此顺序排列的原因,来自政策的多元化特征。仅仅依靠数据根本无法解决具体问题,如:当下的政策是否可以继续?继续执行的难易度是否有变化?漏发、滥发补贴的问题曾发生过几起?普通市民是否接受这个政策?等等。

在最后部分,我将介绍日本现金支付政策的执行现状及对未来政策实施的谏言。

第一节 关于"现金支付"和"实物支付"的争论

有关消除儿童贫困的争论聚焦于"采用现金支付还是实

物支付"。多数人认为，现金支付政策无法掌控父母的现金支配方式，与此相比，教育及保育服务等实物支付更加可靠。他们与人争论时，时常引用这个实例：父母领取儿童抚养补贴后便直接跑去店里打老虎机，并驳斥道：儿童补贴并没有用到儿童身上。他们的观点得到了众多国人的大力支持。

相反的论点认为：父母最了解孩子，那种认为行政规定优于父母的观点纯粹属于过度自信。贫困阶层家庭需求列表显示，伙食费、住宅费等是家庭的重头支出，最需要补贴。他们还强调：与外国相比较，日本的现金支付额度明显不足。

这个争论中还夹杂着探讨儿童贫困根源的多种论点，各方各持己见，坚持自我，时至今日仍无权威性结论。而各方的论点都没有社会科学方面的数据支持，毫无意义可言，充其量是隔空喊话。是现金支付没有效果还是实物支付效果更佳？根据数据判断，现金发放与支付同等金额的实物或服务，哪个更有利于孩子成年后摆脱贫困？对此第三章有相关测算效果，若想得到明确答案，需要经过严谨实验后所得的数据。首先任意选取实验对象，将其分为两个小组，现金支付小组和实物支付小组，分别获取长、短期影响差距数据。这个数据才是我最希望看到的。

数据在说话

遗憾的是时至今日，我尚未看到这个理想数据。不过感到一丝丝安慰的是，国外在进行此类研究并取得了成果，很难得。成果之一是解答了对"现金支付能否提高贫困儿童脱贫比率"的疑问，答案是"可以的"，此研究成果被称为"收入效果"。在评测收入效果之际，为保证效果的纯粹性（评测方法请参考第三章）及特征的鲜明性，最大限度地排除了来自父母及邻居的诸多影响因素，即支付给贫困家庭现金，可以提高切断连锁贫困的概率。但是，目前所面临的问题是，单纯现金支付的效果良莠不齐，有的项目效果高于预期，有的项目则根本没有效果。

学者克拉克·考夫曼采用美国数据分析的12个项目中，有7个资助父母就业项目和5个资助提高收入项目，研究对象为公共资助受用者（相当于日本的最低生活保障金领取者）。单纯的就业资助不会提高家庭收入，因为一旦实现就业其所得收入就自动取代了政府补助金。因此需要在就业资助的基础上辅助以收入补贴，这样不仅可以实现"由福祉向就业转换的平稳过渡"，也可以提高家庭收入。也就是说，就业资助是单一的实物（服务）支付项目，就业资助＋收入补贴是实物支付与现金支付合二为一的综合性项目。

此项研究得出结论如下：就业资助附加额度充足的现金支付项目，在增强0~5岁儿童学力方面成果理想、效果良好（参考孩子参加项目后2—4年间接受学力测试的结果及老师给予的评价），没有现金支付的就业资助项目或附加现金额度不充裕的资助项目，整体上对孩子的成长没有发挥太大效果。

实物支付优于现金支付。这个论点的理论依据源于一个假设：实物支付与具有同等价值的现金支付相比，更容易获得利于孩子成长的资源。例如，针对贫困家庭的食物发放项目与具有相同价值的现金支付项目，在提高儿童营养方面出现了差距；另外一个实例是，在美国对各种实物支付效果进行评测的结果显示，食品支付和住宅支付等实物支付的效果没有高于其他现金支付的效果，也没有改变低收入人群的行为模式。这两个实例结果说明，实物支付更胜一筹的理论并没有实证支持。

第二节　现金支付和实物支付的优点

现金支付的优点首先在于能收到良好效果。实物支付收到"实际支付的实物"及"支付的形式"的限制,效果远不及现金支付,偶尔会有超过现金支付的,但有的根本看不到效果。第三章的图表3-4是婴幼儿项目,其中有的项目的费用与效果的性价比低于1,而有的项目的性价比之高达到了实际效果超出投入的3倍的水平。人员资助(咨询项目、教育资助)等项目存在质量能否得到保证的问题。如:受实际执行者的素质影响,相同项目会收到或优异或起反作用的两种截然相反的效果。服务支付在实际操作中多多少少都会受到"人"的影响,参与实验者人数少的示范项目,其所有实际执行成员都心怀诚意、充满热情,获得理想效果的可能性很大,但是,当将一个项目在全国范围内推广时,很难保证全体工作人员的能力均保持在高水平上。

实物支付项目也存在效果参差不齐的问题。我在美国留学时曾拜访过一位朋友家,推门进去后映入眼帘的场景令我惊讶,过道的一角堆满大量包装食品,有盒装麦片粥和玉米片粥等。美国针对低收入家庭的哺乳期母亲或准妈妈实行的食品资助项目发放速食成品及蔬菜罐头等。我的这位朋友是亚裔家庭,以大米为主食,所以只好将分发来的这些食物堆积到一角,置之不理,对此朋友也很无奈地感叹道:"与其这样浪费,还不如发给我们现金呢。"日本有的地方政府也曾尝试给市民发放新生儿出生纪念品、新婚纪念品等实物以示庆贺,但得到庆贺实物的市民大多表示并不实用。可见,实物发放实际上是很难达到皆大欢喜的预期效果的。

不奢求完美效果

现金支付与发放者态度的恶劣或和善无关,也不受服务(实物)质量好坏影响,有了现金,每个家庭就可以购得各自最需要的商品和服务。通用性强,是现金支付的最大优点。

当然不排除领取者将现金用于不当之处的可能性。领取到儿童补贴后便跑去逍遥挥霍的父母也是有的,但不应该因噎废食,不应该因此持有"贫穷父母不可能做出明智选择"的偏见,难道高收入父母做出的选择就一定都是明智的吗?不过也不得不承认,收入越高的父母越善于选择益于孩子发展的消费。

对父母而言,做出明智选择,并不是养育孩子的全部内容,无论哪种现金支付都不可能达到完美效果,请各位读者务必清醒地意识到这一点。效果理想的欧美幼儿教育计划也没有能够达到让所有孩子脱贫的目的。第三章的图表 3-2 表明，欧美幼儿计划参与者的高中毕业率不足70%、有超过5次犯罪记录的人数近四成，即便如此，它仍不失为一个意义深远的项目。我认为只要孩子脱贫有望、学习成绩提升有望、考上大学有望，项目便是有意义、有效果的。无论父母多么"无赖"，只要能为孩子选择效果稳定的现金支付及适合自己的实物支付，就可以肯定他们承担起了为人父母的最重要职责。

同时，提高项目效果也是需要付出努力的。国外儿童脱贫政策的成功范例表明，向父母提供资助的内容应该是充盈的、综合性的（就业资助、医疗服务、咨询、教育资助、育儿指导），而非仅限于针对儿童的单一项目。

对症下药

现金支付能帮扶家庭最脆弱的部分。如第二章中涉及的贫困路径所示，每个家庭的路径各不相同、形态各异，有交不起学费的高中生，有因父母无力支付健康保险的自费部分而无奈放弃治疗的孩子，有只靠学校配餐果腹的孩子，也有交不起会费不得不为退出足球小组而哭泣的孩子，还有从没收到过生日礼物的孩子，等等。

如果希望实物支付解决贫困家庭的所有经济困难,那么这个实物支付的菜单,无疑应该是包罗万象、无所不有的,但日本财政不具备这个实力,日本的实力无法用实物支付的方式满足孩子们渴望的"实物"和"服务"。

此时,不带任何色彩的现金支付的中立性的魅力便凸显出来。无论家庭状况如何,经济上最理想的状态是不为金钱发愁,需要钱时随时有的用。有了钱就可以给食欲正旺的儿子做一顿可口的烤肉大餐,哪怕是一月一次;可以为孩子交足球小组的会费或钢琴课的学费;母亲也可以减少夜间打工次数;等等。只要有了现金,每个家庭都会根据自身条件,将钱花在最需要的地方。如果换作实物支付,则很难支撑如此繁杂的需求,不仅如此,政府还要拿出一个可供选择的不分巨细的、庞大的实物清单,还需要制作足以支撑实施项目的超大预算。

只有金钱可以解决的问题

有一个只有现金支付才能解决的问题,那便是因缺钱而产生的焦虑,换句话说,金钱可以缓解"生活之苦""捉襟见肘的生计"的压力。贫困家庭的问题多源自缺钱引发的焦虑,而焦虑如果发生在准妈妈身上,那么,焦虑情绪会影响到胎儿,胎儿还会把这个情绪延续到孩童期。缺钱焦虑具体来自无法按时交纳房租和公共费用、没有涨工资的希望、工作不稳定等。

靠实物支付根本无法缓解或解决油盐酱醋茶问题和生计之苦。对于这样的家庭,无论给予多少实物支付都是无济于事的。对于一个家庭来说,减轻抚养孩子的经济负担,的确意味着能很大程度上减轻家庭的经济负担。但对于一个连基本生活开支都无法保证,甚至连房租、水电费都没有着落的家庭来说,迫在眉睫的问题当然是如何维持最基本的生活,为此,母亲需要兼职两三份工作。这样的家庭如果获得现金支付,母亲也许就没必要去做夜间兼职而可以在家陪伴子女,这是非常利于孩子成长的,但政府不可能提供此类的"母亲专项服务"。因此,与政府提供的 24 小时的保育服务相比,现金支付更有可能增加母亲陪伴孩子的时间,更能让家庭维持安稳状态。因此,现金支付是明智的政策选项。

金钱无法解决的问题

有的问题无法用金钱解决。如果将教育和保育服务全面市场化,弱势群体的孩子的教育质量无疑会大打折扣,此时,具有公共服务性质的实物支付变得不合时宜。在市场化的背景下，有的服务是无法提供的，如，美国的"大哥哥大姐姐"项目，充当"大哥哥""大姐姐"角色的志愿者与孩子之间的关系中不掺杂金钱关系。正因为是纯粹的人际关系，才让他们相互信赖，日常交往中不加入其他杂念，这是该项目所肩负的最重要任务。假设该项目委托民间机构承办，成为有偿服务，每一次与"大哥哥""大姐姐"见面，孩子都要支付费用，这个项目还有可能达到设计的终极目标吗？

现金支付还有一个无法解决的问题。当支付额度不足以解决家庭的所有困难时，那么，这笔钱款一定是首先用于火烧眉毛的难题上，而不会用来购买规定的服务。尤其是如果接受资助者看不到现金支付的效果时，很有可能不到迫不得已的情况下不会接受现金支付。购买咨询服务是最典型的实例。如果是免费的，那么有人会以不用白不用的心态尝试性地接受咨询服务；但如果是付费的，那么就会没有人愿意付费购买这个务虚的、看不见益处的服务。这个倾向不仅贫困阶层有，富裕阶层也有，这是个正常不过的现象，无须横加指责。

对现金支付局限性的认识程度，决定了我们对项目与制度收效的认可程度。比如高中教育制度，大多数家长之所以情愿花大钱送子女读高中，是因为他们深信孩子高中毕业后能获得超出投入的回报，读高中有利于孩子发展。如果父母觉得高中毕业不会带来什么好处，怎么可能愿意花钱送孩子上高中？即，如果没有理解高中教育的长远利益，父母便有可能做出错误决定。

顺便介绍我的一次亲身经历。一位儿童养护中心的职员跟我诉苦：经常苦口婆心地劝导孩子们加倍努力学习争取高中毕业，突然有一天一个孩子说，反正高中毕业后也成不了正式员工，也不可能找到好工作，跟初中毕业后的工作待遇也没什么区别，既然这样，还不如初中毕业后马上工作的好，还比高中毕业多挣3年钱。听着孩子的想法，这位职员无言以对，而更让人无奈的是，孩子说的一点没错，现实的确是这样的，明明知道这个观点幼稚无比，但就是无法予以驳斥。现实是什么样子？如果孩子读的是升学率高的高中，努力一下就有可能考上大学，但如果读的是教学质量差的高中，还真是像这个孩子所讲的那样没有多大读下去的意义。

现金支付中的"代金券制度"，使用代金券购买指定的服务，对资助用途有严格限制。有人建议借用这个制度提高校外补习学校"塾"和保育服务的利用率。因其特殊性，领取者只能将"代金券"用于被指定的项目。但是，这个制度既不像其他现金支付那样可以根据自家条件选择消费，也享受不到实物支付的好处。

第三节 现金支付的现状

日本有许多针对有孩子家庭的现金支付。儿童项目有儿童津贴、育儿津贴、特别育儿津贴等。还有针对失去主要劳动力的家庭的遗族年金、贫困家庭最低生活保障制度等。本章将详细梳理现金支付的现状及效果。

儿童津贴

这个制度始于1972年，至今已有40多年历史。2010年民主党当政后将其更名为"少儿津贴"，对内容进行了些许调整，两年后再次更名恢复到原来的"儿童津贴"。不过，调整儿童津贴的举措，这并非唯一一次。1972年开始实施该项目时，只发放给收入未达标的低收入家庭且未完成义务教育的第三个孩子及弟弟、妹妹们。当时一个家庭的孩子较多，设限的目的在于缩小受惠范围，给子女多且经济条件差的家庭提供经济支持。那个时代的"儿童津贴"偏重经济资助，每月支付金额为3000日元，相当于当时养育一个孩子的平均月支出的一半，可以说是一种受惠人少但待遇丰厚的制度设计。

1985年，资助人数放宽到第二个孩子之后的孩子，1991年进一步放宽到第一个孩子之后的孩子，但均缩短了支付年限，由原来的未满18周岁缩短为3周岁以下，"儿童津贴"的对象变成了"婴幼儿"，教育费和伙食费支出大的学龄儿童被排除在外。尽管新的"儿童津贴"大幅增加了每月支付额度，高达5000日元，但考虑到抚养费的上涨，这个金额只是杯水车薪，离充裕水平有很大差距。所谓的"儿童津贴"只是减轻了养育孩子的一小部分负担，当初的"范围小但资金丰厚"的制度设计演变成了"范围广但资金少"。

进入21世纪，少子化问题凸显，政策制定者们的关注点聚焦在如何破解这个问题上，由此，解决少子化问题的政策受到普遍关注，儿童津贴制度强化了"惠及范围广且津贴丰厚"的特征。首先，儿童年龄段得到了扩充（从2006年的未满6岁以下，到2004年的未满9岁以下，再到2006年的未满12岁以下），收入上限也大幅提升，全国符合年龄段条件的孩子，大部分都可以享受到这个津贴，领取支付的儿童人数与同年龄段儿童总数的比例，2000年初为60%，随后超过80%，2008年之后已接近90%，至此儿童津贴实际上已成为普惠性政策制度，但从支付金额方面看，虽然2007年将未满3岁以下的支付额度，由每月5000日元提高到1万日元（第3个孩子以后的支付维持1991年的每月1万日元），但大多数孩子的津贴一直停留在每月5000日元的水平。

民主党执政时期，该制度被更名为"少儿津贴"，在之后的自民党、公明党联合执政时期又恢复到"儿童津贴"原始名称。但此时的"儿童津贴"经过"少儿津贴"的变革后，普惠色彩浓厚起来，取消了对父母收入的限制，提高了平均支付额度。而无论新旧，"儿童津贴"有两点明显区别于"少儿津贴"：其一，宣传时强调其普惠性特征；其二，曾经因没有得到国民支持，执行起来一度步履维艰，但现在的支付额度高，几近覆盖了教育费。

2013年，0岁婴儿至中学毕业生（15周岁生日之后的第一个年度年底为止）都可以享受到儿童津贴。未满3岁的孩子以及3~12岁的第三个及以后的孩子，每月支付15000日元；3~12岁的第一个和第二个孩子及中学生，每月支付1万日元；家庭年收入不得超过960万日元（夫妇＋两个孩子)。如此低的门槛让大多数儿童比较容易享受到儿童津贴。即便是对没有享受儿童津贴资格的高收入家庭,也推出了特别政策,即儿童每月可获得 5000 日元的津贴。

育儿津贴

此津贴的支付对象为因离异或父母一方去世等导致父母一方单独抚养孩子的低收入单亲家庭。到 2011 年底为止,除福岛县的部分城市,全国的单亲家庭共有 107 万户。领取育儿津贴的单亲家庭户数随着离婚率的上升年年呈攀升趋势,自 2010 年 8 月起父亲单亲家庭也被纳入支付范围,因此从这一年起领取户数急剧上升(图表 5-1)。

图表 5-1　领取儿童抚养津贴人数的增加

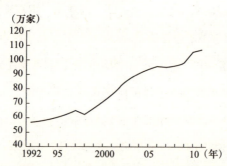

出处:国立社会保障与人口问题研究所网站"社会保障统计年报数据库"

育儿津贴不同于儿童津贴，没有经过从"少而精"到"多而广"的转变过程，而是始终坚持"少而精"路线。与将门槛设定为年收入上限960万日元的儿童津贴相比，育儿津贴将支付拆分为满额支付和部分支付两种形式。以母亲和一个孩子的家庭为例，获得满额支付的年收入条件为130万日元以下，获得部分支付的年收入条件为360万日元以下，从130万日元起步至360万日元，支付金额逐步递减。满额支付的每月支付金额，一个孩子的家庭为41720日元；部分支付的每月支付金额，一个孩子的家庭，每月不低于9850日元，两个孩子的家庭，每月增加5000日元，3个以上孩子的家庭，每月增加3000日元。

第一章指出母子单亲家庭的贫困率超过50%，概率之高超乎想象，而2011年父子单亲家庭的贫困率也超过30%。问题在于这个数值中包括领取育儿津贴和儿童津贴的家庭，单亲家庭的贫困率之高可见一斑。当然，这些家庭有资格享受最低生活保障制度的福利，但事实上2010年母子单亲家庭的最低生活保障金的领取率仅有约15.3%。月支付额为4万日元的育儿津贴似乎比儿童津贴的支付额度高出许多，但根本填补不了母子单亲家庭的生计窟窿。2012年，母子单亲家庭的年均收入约区区181万日元，而不足100万日元的家庭占28.6%；父子单亲家庭的年均工作收入为360万日元，其中不足100万日元的家庭占9.5%。这部分家庭除了劳动收入，还要有育儿津贴和儿童津贴才能维持正常生活。

母子单亲家庭收入低，原因在于妇女的就业模式。妇女生产之后很难被聘为正式工；即便幸运地成为正式工，工资待遇也远不如男职员。父子单亲家庭在工资、待遇等方面同样存在男女有别的问题，不过，其具体原因是男职员很难兼顾工作和育儿，如果不能将孩子完全托给祖父母照看，多数单亲父亲会主动放弃正式职员身份。

遗族年金

为失去父亲或母亲的家庭而设立的公共年金制度，按死者生前的收入水平及保险年限等划定支付金额。这个制度的不足之处在于，如果死者生前是刚成为父亲的年轻人，那么，他的家人能领取到多少遗族年金？目前我尚未得到相关统计数据。据厚生劳动省公布的《2011年全国母子家庭等调查》显示，父亲去世的家庭年均收入为451万日元，其中母亲工作收入平均256万元，遗族年金补了195万日元；与此相比，离婚或未婚的母子单亲家庭的家庭收入中，母亲从男方仅能得到103万日元。显然，遗族年金在保证家庭财政方面发挥了很大的作用。

遗族年金的领取情况如下。遗族年金项目领取人数约有445万人，领取金额约4万亿日元，人均领取90万日元；遗族基础年金项目领取人数约25万人，领取总额1988亿日元，人均领取79万日元。这两个数据中也包含无子女的家庭。尽管如此，我们基本上可以根据手中数据推算遗族年金额度，人均支付额约在80万日元至100万日元之间。这笔款项对于极易陷入贫困、为生计奔波的母子单亲家庭来说不可谓不是雪中送炭——38%的离婚或未婚母子单亲家庭及28.2%的父亲离世的母子家庭的年均家庭收入不足200万日元。另外，将父亲离世的母子家庭放在养育孩子家庭的大盘中看，其经济窘迫状况便显而易见、一目了然。

最低生活保障制度

这是日本社会保障制度中最大规模的扶贫项目。对家庭的人口、年龄、居住地等有详细的限制条件，当家庭收入（含工作收入、年金在内的所有收入）低于最低生活费（生活保障基准）时，就有资格享受最低生活保障制度，领取收入与最低生活费的差额部分，但并非所有符合条件的家庭都可以无条件享受这个制度。其根源在于此制度特有的"补充性原理"，即享受此制度的必要条件是"倾其所有资产、能力用来维持最基本生活"（《生活保护法》第4条）。"倾其所有资产、能力"指没有储蓄等资产、没有工作能力、没有亲戚帮扶、一贫如洗、无依无靠，更直白地讲就是手头几乎没有现金、储蓄几乎为零（或储蓄额仅能维持半个月的生活），而具有劳动能力却不工作的家庭是不可能通过审查的。很难用日常方式断定某人是否属于"有劳动能力而不工作"，因此直到近期为止，如果某人处在劳动年龄，无论有无工作都被拒之门外，没有资格享受此制度。除证明本人情况外，还需要证明没有父母、子女、兄弟姐妹等至亲可依靠，这样，无形中增加了那些不与亲戚来往家庭的申请难度，结果导致此制度的运营出现问题，厚生劳动省2010年统计显示领取率只有15%—30%。

长期以来，为保障贫困儿童生活的生活保障项目并没有发挥应有的作用。2010年，享受到最低生活保障制度的0～19岁的孩子人数为28.6万人，仅占孩子总数的1.2%，这个覆盖率与15.7%的儿童贫困率相比实在是太低了。

再分配的逆转现象

儿童津贴、育儿津贴、遗族年金、最低生活保障这几种制度，从其补助金领取者人数和发放总额断定，日本对贫困儿童家庭的帮扶力度是不小的，但是与发达国家相比差距还是比较大的。

我在拙著《儿童的贫困》(2008)中提出了最具争议的"儿童贫困率逆转现象"说，阐述政府以税收、社会保险等形式从国民口袋里抽取资金，之后以年金和最低生活保障等现金支付形式再分配到国民手中的好处。再分配最令人期待的地方是自带的减贫功能，可使收入所得从富裕阶层流向贫困阶层，现有数据也证实了这一点。在发达国家其减贫功能深入人心，无人怀疑。再分配前（指纳税、缴纳社保、领取年金及低保等所有现金支付之前）与再分配后（指纳税、缴纳社保、领取年金及低保等所有现金支付之后）相比，再分配后的儿童贫困率低于再分配前的贫困率，部分国家甚至通过再分配可以消除近八成的贫困率。

但在日本情况却发生了逆转，再分配后的贫困率高于再分配前的贫困率,即,政府的再分配行为反而提高了儿童贫困率。在经合组织诸国中唯有日本发生了这种逆转现象。这个事实曾被提到国会进行讨论,也曾有众多读者对此表示震惊和愤慨。那么,今天的日本如何呢?

我在《儿童的贫困》中所采用的贫困率数据,均来自2001年厚生劳动省公布的《国民生活基础调查》。这个调查每隔3年进行一次,此后的2004年、2007年的数据显示逆转现象依然存在。而值得庆幸的是,依据2010年数据推算的结果表明,已没有了逆转现象(图表5-2)。

图表5-2 儿童贫困率:再分配前与再分配后

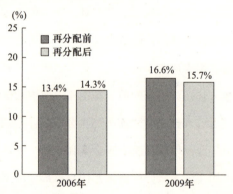

注:厚生劳动省《国民生活基础调查》2007年。2010年开始估算。收入为调查之前(2006、2009)的数据
出处:内阁府(2011)

2010年的再分配前（政府介入前）的（未满18岁）孩子的贫困率为16.6%，再分配后（政府介入后）的贫困率降至15.7%，虽然只有区区0.9%的降幅，但终究表示了再分配后的贫困率低于再分配前。有人认为这个降幅得益于扩大儿童津贴发放范围的举措。2010年调查的是2009年度的收入所得，而2009年虽然没有开始发放儿童补助，但2006—2009年间，实际上已在扩充儿童补助范围，因此可以肯定的是，扩充儿童补助制度范围的举措开始收效。

不过遗憾的是，2006—2009年的再分配前贫困率蹿升，2006年为14.3%，2009年为16.6%，刚刚呈现改善趋向的再分配效果，却输给了再分配后贫困率。

日本在消除儿童贫困事业上获得了一些可喜的成绩，但与其他先进国家相比，再分配后的改善效果可谓微乎其微，这个差距时至今日依然存在。图表5-3的国家排行榜，是基于联合国儿童基金会的定义推算出的结果，采用数据来自2010年《国民生活基础调查》。如图表所示，日本再分配水平很低，仅排在希腊之后，列第二位。此外，日本还发生了再分配后的逆转现象。联合国儿童基金会规定，再分配前的所得应该包括公共年金，其理论依据是公共年金为政府强行

图表 5-3 根据联合国儿童基金会推算数据得出的再分配前后的儿童贫困率：国际比较

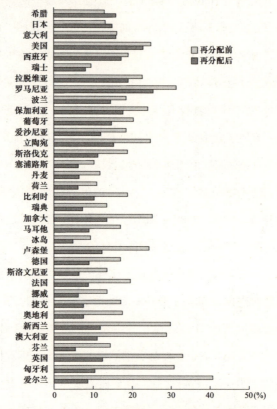

注：联合国儿童基金会的推算方法与经合组织、图表 5-2 的手法略有不同，因此，图表 5-2 和图表 5-3 的数值有差别

出处：Bradshaw, Jonathan(2012) "Child Poverty" Public Symposium "Is Japan an Equal Society?" 7 Jan.2012.Keio University

从个人收入中收取的金额，政府将其中一部分存入银行后待本人步入晚年后返还，所以这部分不属于政府的再分配。而日本的公共年金由两部分构成：个人缴纳的社会保险费和税收等一般性财源，而且一般性财源的占比不低。所以，联合国儿童基金会的公共年金概念与日本的公共年金实际上不是十分吻合，但无论有多大的出入，图表中的儿童贫困率是板上钉钉的，儿童贫困状况发人深思。就是说，日本即便不支付公共年金，还是会发生儿童贫困率的逆转。如果一家人与祖父母或外祖父母同住，老人的年金应该作为"再分配后的收入"用于贫困率计算，但是在现实生活中，有多少老人愿意从自己的年金中抽出一部分投入到孩子身上？即便愿意拿出部分年金，又能拿出多少呢？家族之外的人很难获得相关确切数据。如果不将年金纳入再分配中，日本政府是阻止不了儿童贫困率恶化的。

此外，现行的儿童补助是以往政策的延续，只不过其金额和普惠程度较之前有所提高。图表5-2的数据来自2009年，从这一年开始儿童贫困状况有所改善。对于目前制度下的消除儿童贫困事业，我有些惴惴不安，但离具体数据公布还有一段时间，所以需要耐心等候。

现金支付项目的选择

现金支付是儿童扶贫政策中必不可少的选项，不仅效果良好，也是孩子所在家庭最渴望得到的帮扶。看一下2012年极端贫困母子家庭"最困难"问题的排行榜，第一位是"生计"（45.8%），其次是"工作"（19.1%），"生计"之苦远远超出"找工作"之难。第二章有关家庭金钱焦虑的阐述，指出因经济逼仄给孩子成长造成的负面影响不可小觑。总而言之，资金资助是消除贫困儿童政策的重要组成部分，它有助于为孩子营造一个安稳的家庭生活环境。

受国家财政贫弱限制，日本的现金支付不仅很难达到欧美国家的丰厚水平及普惠程度，还要列出需要重点解决的优先项目，在此，我列出自认为应该优先选择的数个项目。特此提醒读者，对优先选项的认知程度因人而异，没有绝对定论，我的选择仅供各位读者参考。

消除逆转现象

首先我把消除儿童贫困率逆转现象放在第一位。如图表5-3所示，日本再分配水平落后于其他先进国家。提升日本再分配水平，使其发挥与先进国家同等水平的功能，这是作为先进国家应有的社会政策。如前所述，当下日本的社会保障制度特点是，如果剔除公共年金部分再分配的功能，就会变成负数。公共年金归根结底是为保障老年生活的支付制度，儿童生活不应该受其影响。消除儿童贫困工作应该在儿童社会保障制度框架下推进。

充实儿童津贴和育儿津贴是必不可少的。儿童津贴覆盖大多数适龄儿童，是一项普惠范围广的筛选制度，在日本已有相当长的历史，可以说以这样的方式来保障儿童权利是非常明智的选择。但是时至今日，由于领取人数不断增加，大幅提高其支付额度的希望似乎变得渺茫。为了更积极、有效地降低贫困率，必须加大精准扶贫力度。为此，首先要提高贫困率最高的单亲家庭的津贴额度。由于最低生活保障制度受到市民的诟病，提高其额度不太可能。但是，提高育儿津贴是可行的，这个举措既有针对性，又能覆盖更多单亲家庭。

再者，应重视再分配前的贫困率趋向恶化的现象。如果再分配前的贫困率失控，就等于再分配的根基消失殆尽，即便是再分配功能得以优化也不幸成了断了线的风筝、扎不下根的漂萍，因为有工作能力的人尤其是需要抚养孩子的家长的工作环境在恶化。解决这个根本性问题需要改善非正规劳动人群的待遇及劳动市场中贫困人群的经济条件。这个问题涉及整个劳动市场，解决起来没那么简单，不可能一蹴而就。因此，为保证儿童美好前程，必须提高有孩子的贫困家庭的现金支付额度，依靠普惠性儿童津贴、有条件限制的育儿津贴、最低生活保障制度是不够的，应在此基础上增加减免税收等新的福祉内容。

重视孩子的婴幼儿期

消除儿童贫困的政策措施不少，之所以如此重推现金支付，还有一个重要原因，我们要重视0~5岁婴幼儿的成长。第二、第三章已有论述，受贫困影响最大的时期是婴幼儿期。与其他时期相比，婴幼儿期的养育费用较低，如果在这个时期施予援助，减轻家庭经济负担，消除家庭焦虑，提高婴幼儿生活环境的安稳度及舒适度，为父母营造精神愉悦的环境，保证父母与婴幼儿相处的时间，无疑非常利于孩子的健康成长。所以养育婴幼儿的贫困家庭最渴望获得不带有任何色彩、任何附加条件的现金支付。

另外，作为父母最担心的经济问题是孩子上学后养育费用（尤其是教育费）飙升，解决这个问题唯有靠现金支付，除此之外，难道还有更实在的形式吗？相关观点论述请阅读接下来的第六、第七章。

第六章 论实物（服务）支付

本章探讨消除儿童贫困措施之一的实物（服务）支付。现金支付是一个确定支付对象及支付金额便可以发放的制度设计，与此相对的实物支付实施起来，其复杂程度和难度都要大很多。第三章列出的选择项目清单（图表3-1）大多数为实物支付，从孕妇体检到高中毕业后的就业援助，项目琳琅满目，在此不做一一介绍，只抽取关注度高的数个政策做详细解释。之所以选择这些政策，是因为它们不属于会产生副作用的筛选制度，这些政策既具有普惠制度的特性又能为贫困层提供实实在在的援助，其援助效果已在很多国家得到实际印证。相关教育与就业的政策将放在第七章单独阐述。

本章提议的政策多为我就职于内阁官房社会包容推进室期间提出的，理论依据是该推进室专家小组实施的《社会排斥的进程——年轻人学习过程中呈现的排斥过程》专项调查的结果。另，内阁官房社会包容推进室成立于2001年4月，于2013年1月解散。

第一节　援助儿童

保育，减贫措施之一

　　我一直在不厌其烦地强调：在儿童期经历的贫困中，婴幼儿期的贫困最具杀伤力，它深深地影响一个人的健康成长。对一个人的成长来说，在安稳的家庭环境中度过婴幼儿期是最重要的，因此，不但要加大对有婴幼儿家庭的现金支付力度，还要充实保育政策。我在《儿童的贫困》中强调任何一个保育所都是减贫的第一道入口，包括母子单亲家庭在内的所有贫困阶层的孩子，几乎都可以在保育所得到与其他孩子相同的照顾和呵护。由于保育所内的关照不带有"扶贫"色彩，贫困阶层的孩子在这里不会受到歧视，可以说这里是消除儿童贫困的理想国。

　　但是，关键问题是要认清保育的关爱只针对孩子，"照看孩子"的目的不是让父母安心工作，而是积极主动地去关照那些贫困家庭的父母及其子女，将贫困对孩子的负面影响降到最低。因此，在制度设计的最初阶段要紧扣目标，帮助贫困家庭解决各种育儿方面的难题：早期发育、健康、生活等方面的困难，按时接受医疗服务（体检、疫苗接种、通过游戏及学习促进智商和情商的开发、提高交流技能等等），使这些家庭顺利度过育儿关键期。

日本保育所除了提供这些服务外，还有一个朴素但非常值得奖赏的地方：没有实施"贫困儿童专用项目"且向各个阶层的孩子敞开大门。因此，日本的保育所既向所有孩子提供普惠式服务，也细心关照那些需要特别关照的孩子。

婴幼儿期的家庭环境对孩子的健康成长非常重要，因此，帮扶工作范围不应该仅限于幼儿，应扩大到幼儿父母身上。第三章介绍的佩里计划，不仅为孩子提供服务，也为父母们提供综合服务。日本的保育园应比中小学等教育机构更容易近距离地接触到孩子父母，老师几乎天天与父母打交道，可以说这里是接触父母最理想的空间，能直接了解贫困阶层父母的需求，也可以与福祉事务所及劳动援助机构直接对接。换言之，保育园是贫困家庭婴幼儿及其父母享受"福祉"的"综合"窗口。

但是，实际情况大相径庭。保育园的人力资源水平还没有达到这个高度，即便老师是保育和幼儿教育方面的专家，也不等于这位老师就是福祉专家，更何况迄今为止还没有人能做到两者兼顾。如果将保育园定位为减贫事业的第一道关口，那么，无疑需要配置更多的专业人才，需要能协助父母解决家庭困难的老师和专家。既然学校和医院都配有社会工作者，那么，保育园也应该有能发挥社会工作者作用的职员。

强化医疗安全网

几乎无人对"医疗是所有孩子应享受的基本权利"的观点持反对意见。日本于1961年确立了全民皆参保的医疗保险制度，从这一年开始人人可以接受医疗服务。但2008年的数据显示，没有公共医疗保险即无保险的家庭，在全国约有33万户，其中18240户有中学生以下的孩子，也就是说无保险的孩子多达33000人。对此，国家做出了快速反应，当年12月11日众议院通过了《儿童无保险救济法》(《国民健康保险法修订案》)，2009年4月起施行。

此时，儿童营养差距已有显现，形成的原因不一。要从政策层面着手缩小差距，政策选择很关键。首先应优先选择能保障儿童到医疗机构接受服务的项目，以解决无保险孩子的后顾之忧，即便这个选择依然存在部分医药费自费的问题。

现在几乎所有地方政府都制定了医疗补助政策，但其中两个地方政府采用返还支付的形式——父母先支付相关费用，然后地方政府返还费用。这个方式的问题在于，对于手头缺少现金的贫困家庭来说垫付相当困难，即便是这笔费用过后可以返还，父母也不可能领孩子到医院接受治疗。一项好的补助制度的效果就这样大打折扣了。

对于个别地方政府选择垫付制度的原因，我个人推测是出于某种担忧，如果孩子一有不舒服就跑到医院看病的话，会发生过度就诊现象，从而增加小儿科的负担，反而让儿童医疗入不敷出，出现亏空。即使产生这种结果，我还是不禁要发问：小儿科方面的过度就诊、医疗费增加等问题，难道是通过削减贫困阶层的医疗费就能解决的吗？况且贫困阶层孩子到医院就诊的次数原本就很少。

营养计划

与医疗补助政策相同，能为所有孩子提供基本保障的还有"餐饮"项目。姑且不论营养是否均衡，在日本几乎所有儿童都不存在温饱问题。一日三餐按时就餐及保证营养是孩子健康成长的保证，保育园和学校的配餐对贫困家庭的孩子来说实在宝贵。日本几乎所有公办小学都有午餐配餐,在中学、高中阶段,部分地区取消了午餐配餐。我认为学校定位中应该增加一个新功能:贫困阶层孩子获得营养午餐的场所,让这样的孩子心生"只要上学就能吃饱饭,吃到香喷喷的饭菜"的希望,让他们盼望每天上学,学校能以这样的形式牢牢地吸引住贫困孩子不也是一件了不起的事情吗?

因此,小学、初中和高中的午餐和非全日制高中的晚餐、学校放假期间的学童保育配餐、经济相对落后地区学校的早餐以及非政府部门提供的"伙食"等,都应该一直延续下去。今后,在完全保证孩子们吃饱饭的基础上,将重点转移到补充维生素和矿物质方面,因为家庭饭菜中缺少这些营养。

发育障碍及智力障碍的扶助政策

本章列举的诸多政策,其灵感多来自我在内阁官房社会包容推进室的工作经历,那时我参与了推进室组织的调研活动,调查对象为18~39岁的药物依赖者、流浪者、低龄妊娠女孩、自杀未遂者等,掌握这些调查对象儿童期的生活状态。我通过调查问卷得到这样的结论:他们大多数人在儿童期处于贫困状态,孩童时代不仅充满了缺钱的不安和恐惧,还处处可能遭遇潜在的危及生命的风险。

最典型的是发育障碍者及智障者的经历。有发育障碍和智力障碍的孩子，如果在保健所和学校组织的体检中早期发现障碍，从小孩子阶段就可以得到社会扶助。此次调查对象的障碍程度多为轻度症状，在从小到大的多次体检中没有被发现，导致小学期间遭遇欺凌、被同学孤立，在中学以及职场常被周围人误解以致患上环境适应困难症，最终陷入贫困，被社会边缘化。如果在幼儿期得到早期发现，社会就会施以适合他们的教育，营造适合他们的生活环境，也许他们就会有一种别样人生。

在贫困家庭，有发育障碍、智力障碍的孩子往往被弃之不顾，所以儿童减贫政策中应该有针对发育障碍、智力障碍的项目。具体而言，应该做到早期发现、引导父母、扩大相应项目的实施范围、增加实施机构。近年随着相关知识的普及，婴幼儿定期体检工作受到重视，早期发现收效显著。但是，轻度或疑似的障碍还是很难被发现，这样的孩子在没有接受医学干预之前便直接上学，和大家一同接受教育，随着年龄的增加这些病症变得更加隐秘，被发现的可能性越来越小。所以，在小学毕业之前应该将这样的孩子全部排查出来，不要漏掉一个。

另外,"发现"自己的孩子是障碍儿后,父母是否愿意接受外部援助,也是一个问题。对于父母来说,"福祉制度"的申请条件过于苛刻,高不可攀,令人望而却步。鉴于此,教育制度应主动向父母靠拢,视这类孩子为教育中的问题,父母才更容易获得相关援助。随着社会对发育障碍理解的加深,得到准确诊断的孩子越来越多。目前迫切需要的是,开发出适合他们的教育体系,研发出相应的教学法。其普及工作需要大量人员,因此增加这部分研发人员和工作人员也是必不可少的。

放学后(儿童之家)计划

对孩子而言,放学离校后的自由时间很长。小学低年级的孩子从放学到父母下班回家,需要等待数小时。暑假、春假、节假日等,有如此多的假期和休息日,孩子们在这么漫长的"校外"时间里,所交的朋友、度过的方式都会深深影响其成长。

欧美专家学者认为,孩子放学后如果无人看管处于放羊状态的话,安全方面潜在的危害性令人担忧,有的孩子会不幸遇到意外伤害事故，有的孩子可能误入歧途，也有的孩子是一失足成千古恨。安全事故、不良行为、学习成绩下降、体能下降、天分（音乐才能）被埋没等，有的源于大人疏于监督，有的因为孩子独自在家时大多靠看电视或玩电子游戏打发时间，而在相同时间里，非贫困家庭的孩子坐在校外补习班"塾"里精进学业，在足球兴趣班练习球艺，在音乐舞蹈培训教室里刻苦练功。从前，孩子们放学后一般会在学校附近或公园里同小朋友们一起玩耍，但现在孩子们的课余活动与欧美国家的已经没有多大区别。有关儿童不良行为产生的原因虽然至今尚不明确，但不争的事实是这些儿童都忍受着放学后的孤独，孩童孤独感带来的问题后果应该是很严重的。我曾对A市6000名公立中小学的学生进行调查，结果发现6%的小学五年级学生、8%的中学二年级学生放学后独自一人在家，父母收入越低这个比率越高（图表6-1）。

日本不是没有放学后的校外管理项目，各地方政府实施的学童保育项目便属于此。厚生劳动省设立了专项资金，由"校外儿童健康成长"项目（校外儿童俱乐部、儿童保育）为学童保育项目发放补助金，现在全国已设立20000所学童保育设施。此外，为低保家庭孩子提供帮助的学习计划及设施

| 图表 6-1 | 收入阶层与放学后的时间安排

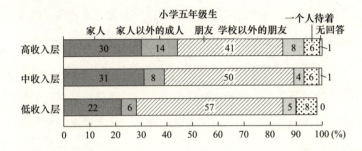

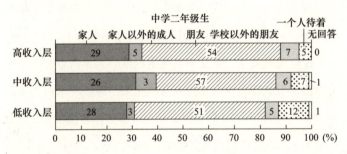

出处：阿部 埋桥 矢野（2014 近刊）

建设，厚生劳动省也予以补助。学习设施建设补助政策始于 2009 年，到 2013 年为止已有 130 个地方政府设有低保家庭孩子学习援助计划及相关设施。文部科学省于 2007 年实施"校外儿童教室推进事业"项目，到 2013 年为止约 1000 个市町村的教室数目已达约 10000 个。学童保育项目肩负的重任不容忽视，但遗憾的是在实际操作阶段，因父母忙于工作等因素，项目的理念发生了变化，将原本为"完善孩子保育环境"的学童保育变成了"防止孩子独自在家"的"保育服务"，即防止放学后孩子独处引发"人身事故及犯罪"。这个项目的问题在于，服务目标仅限于积极消除贫困家庭孩子放学后独处的负面影响，内容单薄。此外，还有很多问题，如申请人数过多导致等待入园的儿童人数增加，有的校区和地方政府没有学童保育园，半数以上的保育园只收小学三年级以下的孩子，不享受保育费减免的优惠措施等。

校外儿童教室，是文部科学省的项目，其内容丰富、形式活泼，但短板是没有考虑到贫困儿童。2012年通过的《儿童及育儿的三法律》，尽管有意放宽了学童保育招收年龄，但迄今为止尚没有任何具体实施方案出台。

消除校外活动差距

校外计划是进一步缩小校外活动差距的儿童减贫计划，其基本理念是建设中小学生专用设施，为只能孤零零在家独处的孩子提供歇脚空间。经营过程中要避免成为代管孩子的机构，要让来到这里的孩子感到轻松自在，有可以倾诉心里话的知心阿姨，可以参加有趣的活动，还能交到许多朋友。让不能安心待在家里和上学读书的孩子，在这里获得安心感。要如同欧洲的年轻人援助中心那样，为不幸的孩子提供避风港。

如果想要校外项目具有"避风港"功能，首先就要有紧紧吸引孩子的力量，让孩子们由衷地产生"我想去那里待一会儿""去那里看看也不错"的愿望。为此，项目需要多组织一些体育及艺术类活动。在高中，有校内课外小组，这里是学生们的自由王国，但它的费用没有考虑学生的家庭经济情况，不适合所有学生。所以，需要为那些高中退学、逃学、交不起课外小组活动费的孩子设立一所远离学校、放松身心的"避风港"，这就是校外项目的意义。

校外项目有别于保育园项目，其是否成功关键在于能否让孩子自发迈进来。还有一个问题是如何让项目长期保持吸引力。现有的众多项目如儿童馆、图书馆、公民馆等，都是静静地"等待"人们走进来接受服务，而这种"等待"的姿态恐怕很难让校外项目获得成功。美国曾进行过一个有关校外服务项目的实验，以金钱为诱饵吸引孩子走进来。我们不至于使用如此露骨的方法，但也的确需要采取提供可口饭菜、一对一帮扶等一些实惠性措施。

工作人员也是校外项目能否成功的重要因素。工作人员既要做到让孩子们愿意与自己交流,也要观察到孩子们身体和心理方面的细微变化。胜任这项工作需要具有一定专业知识。还有,如同"良师益友"项目(后面有介绍)那样请外行人参与也是不错的选择,他们可以和孩子结成一对一的"对子",亲近和陪伴孩子。美国校外项目也包含这个项目,2010年的效果可喜,我推测美方的人员构成应该是专业的专职人员搭配志愿者。

日本已有多种形式的校外项目在运营,既有厚生劳动省和文部科学省立项、地方政府实施的项目,也有NPO等民间组织发起的项目。其中NPO的"微光小站"等项目比较超前,从傍晚到晚餐的这个时间段,孩子们可以在这里自由活动。相关人员的努力积累的大量成果,为今后的研究留下了宝贵资料。

良师益友项目

"良师"原指导师、恩师,而在贫困儿童语境中指"可信赖的知心人"。在消除儿童贫困的"良师益友"项目中,与孩子性格、兴趣爱好相似的成年人（也有高中生、大学生等）志愿者，和贫困孩子结成对子定期见面（在美国有家喻户晓的"陪伴计划"）。

这个项目有很多成功的范例。美国2010年开始的陪伴项目，其活动形式多种多样、丰富多彩，有制订周密计划指导学习的，也有没那么注重学习指导的，有的志愿者如同亲哥哥亲姐姐一样一同打棒球、打篮球，也有去图书馆的，当然并不一定是为了提高学习成绩。项目的实施效果已得到证实，孩子逃课次数明显减少，对学习有了自信心，吸毒饮酒暴力行为减少，有的孩子甚至开始憧憬未来，自我认同感增强，人际关系得到改善，等等。

这个项目的特征在于孩子与志愿者结成一对一的关系。活动中心的方式是一个志愿者照看多名孩子，很难建立"一对一"的亲密关系。而陪伴项目的志愿者视孩子为自己特殊的孩子，孩子视志愿者为特殊的成年人，志愿者不是教师或治疗师等专业人才，而是与孩子习性相近、兴趣相投的非专业人士。志愿者即便不是专业人士也能做出这么理想的成绩，这对实施儿童减贫计划的日本来说可谓"良师益友"。

这个项目本身也有一些潜在的问题：如何让孩子们坚持

下去？目前没有中途退出该项目的孩子们的后续效果数据记录，但从长远看，孩子身边一直有人守护是非常重要的一件事，即无论孩子还是成年人双方都要制订长期计划，统筹安排，做到长期坚持，也提醒项目推出方在选拔志愿者时，需要仔细观察、慎重决定，否则就会差之毫厘谬之千里。

目前日本也在实施类似"良师益友"的项目，目的在于帮扶孩子学习。但是这个项目不适合低龄儿童和不喜欢学习的孩子，对此，我建议研究实行不以提高学习成绩为目的的陪伴计划。

学习援助项目

这个项目与良师益友项目相仿，已经在全国全面展开。领取生活最低保障金家庭的孩子和贫困家庭的孩子，可以到活动中心免费接受学习援助。这里有以大学生为主的志愿者，孩子可以接受一对一的学习辅导，因此，这个项目具有鲜明的"个别辅导"特征。

厚生劳动省曾于2009年以事业补贴经费的形式拨款给实施学习援助项目的地方政府，埼玉县政府的"导航"项目是地方政府项目中的翘楚，其规模和影响力居首。更多的学习援助项目来自民间组织和NPO法人，其规模不大，多在数名至10名左右，活动场所以市民公馆等公共设施为主，个别设在个人住宅中。NPO法人吉子道阿的"巨无霸"等属于大型援助项目。

目前对这些项目没有进行评定，但有报告显示有的效果很好。如，参加埼玉县政府"导航"项目的学生学习效果明显提高，2011年中考升学率高达95.7%，而在项目实施前的2009年，领取最低生活保障金家庭孩子的高中升学率仅为86.9%。

普遍认为上述成绩属于"教学"成果，这让我想起美国援助学习的校外计划，正因为配合了陪伴计划，援助学习项目才得以收到良好效果。以此类推，日本的学习援助项目是否也应该为孩子构建一个类似"大哥哥大姐姐"计划的陪伴关系？

但是，学习援助项目依然面临诸多问题。首先是大学生志愿者无法长期坚持陪伴关系。儿童援助项目曾经发生过多起儿童家暴事件，其后一段时间里要求志愿者接受心理咨询，志愿者队伍的稳定性受到极大影响。另外，运营方面也存在问题。民间组织的儿童扶贫项目缺少活动资金的支持和工作人员，很难保证援助质量。与此相比，获得国家和地方政府预算支持的扶贫事业，无论是资金还是人员的配置都要比民间组织充裕得多，但此类项目只接收低保户的孩子，大多数贫困儿童达不到条件。第四章介绍的统计数字表明，领取最低生活保障金家庭的孩子人数约29万人，贫困家庭孩子的人数超过它10倍，即326万人。第三个问题，计划覆盖范围小。贫困儿童群体中对学习抱有抵触情绪的孩子偏多，如何吸引这部分孩子到学习援助设施接受学习辅导，是一项需要极大耐心的工作，唯有学校、儿童交流所、福祉事务所等相关机构和母亲、孩子共同努力才能收到理想效果。

为孩子营造敞开心扉的环境

为孩子提供一个愿意敞开心扉的场所，也是消除儿童贫困的重要措施。在这里孩子可以轻松地说出不愿意告诉家人和老师、同学、朋友的困惑与难题。

电话咨询业务。有儿童专线（NPO法人的儿童专线援助中心开设）及各地方政府开通的育儿咨询电话专线。为了让孩子便于利用这些社会资源，需要将相关业务告知每个孩子。电话咨询业务的问题在于多数接线员只是倾听，没有主动与后续配套援助活动对接。但是不管怎样,毕竟电话咨询倾听了孩子的心声。除电话业务外,还需要一个能让孩子自愿敞开心扉的计划,因为孩子自我保护意识很强,在学校不一定能愿意说出自己的苦恼,因此需要在校外营造一个环境,让孩子在这里无所顾虑地说出心里话。

投资贫困前沿

虐待、欺凌,会给孩子幼小的心灵造成极大伤害。近年日本国内的统计数据显示,儿童期遭受过的家庭虐待、学校欺凌,影响其成年后的健康、幸福及精神状态。

与儿童遭遇不幸的比例相比,儿童福祉设施、相关人员远远不够。尤其近年公务员裁员风潮正盛之际,虐待儿童等不幸事件增多,而学校、儿童咨询机构、政府机构、儿童养护中心等儿童福祉前沿,对这些儿童的关爱呵护工作则做得不够。扩充儿童咨询所,增加校内社会工作人员,加强防范校外虐待(包括冷暴力及孤立)及校内欺凌,深化被虐待儿童心理安抚工作,这些都是消除儿童贫困工作中迫在眉睫的问题。

自20世纪20年代至今数十年来,儿童养护中心、婴幼儿院、独立援助之家等儿童福祉设施并没有得到长足发展，现在无疑需要加大对其投资。走进这些设施中的孩子都有这样那样的困难，儿童养护中心内53.4%的儿童经历过虐待，23.4%有残疾，设施内的家庭式环境益于他们身心健康和成长。在日本得不到父母照顾的孩子大多被送到设施里，不再由父母抚养。基于这个现实，应采取相应措施提高其收养更多孩子的意愿。虐待、欺凌的负面影响一直延续到成年，因此对前沿儿童福祉设施的援助措施应该是长期的、不间断的。

但凡符合这些前沿设施收养条件的孩子，遭遇的悲惨程度一定是金字塔顶尖级的，非常严重。事实上符合条件的孩子并不多，即便加大投入，财政负担也不会有大幅增加，因此，增加这部分儿童福祉设施的预算，扩大从业人员，扩充财源，应是优先采取的对策。

消除虐待儿童政策的有利之处在于，容易获得大众的支持。我曾对3000名普通市民进行调查，对于"希望所在地区政府提供怎样服务"的提问，回答最多的是"应设置24小时受虐待儿童接待处"，占答案的71%，大大超出"应增加保育园"（54%）的比例。此外，"增加儿童咨询室等处的工作人员以便更加积极地解决虐待儿童问题"（56%）、"加强儿童养护中心对虐待儿童的心理疏导工作"（53%）等回答也都超过半数。当孩子不幸遭到虐待后，采取应对措施是保护孩子的第一道防护网，多数国民抱有一个共识：有必要设置这道防护网。

提供"24小时随时可回的家"

多数贫困阶层的孩子在未成年时便离家出走。有的孩子初中或高中退学后选择当学徒工，因为学徒期间可以包吃包住，是最安全、最有效的脱离父母的方法。每个孩子离家出走的原因各不相同，情况比较复杂。即便没有受到虐待等严重伤害，与继父或继母或亲生父母的关系紧张、父母经济困窘等，都会使家庭成员陷入精神不健全的境地，孩子也不例外。孩子一旦离家出走，首先面临的危险便是没有安全的住所和稳定的收入。

找到了包吃包住的工作或当上了学徒工，并不是万事大吉，也潜在着被辞退、不堪劳动辛苦、遭受同伴欺凌、不得已辞职的风险。如果失去这份工作就等于再次失去寄身之所，或许有幸在朋友家落脚，不过，关系再亲密无间的朋友的家也终究不属于自己,怎么可能住得踏实。

这些离家出走的孩子没有安身之处,一旦遇到困难,生活便陷入困境,不得不四处流浪。女孩子更是极容易进入性产业,沦为援助交际女、酒吧女。这些孩子既切断了与学校的关系,也失去了家庭保护网,在未成年的情况下贸然闯进无依无靠的社会,即便过了20岁成年礼步入成年的人,薄弱的社会保护网也不足以构成保护自己的安全环境。针对这些离开父母的未成年人,有必要设立自立援助之家(儿童自立援助)制度为他们提供住处,帮扶他们独立、安全地步入社会。在这里,未完成义务教育的未满20岁的孩子生活在同一屋檐下,日常起居可以得到成人的照顾并获得就业援助。但目前的问题是从事这项工作的人员很少,全国共有504人,入住的孩子人数也只有310人。显然,很多孩子之所以不选择这里的原因是,这里并不能为自己解决现实中遇到的难题。

不管现实如何,社会为孩子们提供的安心居住的场所是必不可少的。有一个方案,设立可以停留数日或数周的应急住宿设施,以解孩子的燃眉之急,让孩子获得短暂的喘息。如果孩子突然被解雇、被朋友赶出家门、临时决定离家出走,那么,这个设施可以提供安全住处,保证孩子的人身安全,还有亲如家人的工作人员陪伴。现在全国各地都有为无家可归者提供的"临时应急住宿设施",希望今后能设立综合性、多功能的设施为孩子提供继续学习、就业、职业培训、医疗服务等方面的援助。

第二节 援助父母

援助父母的方式首推现金支付,但实物支付也是不可缺少的。

养育身心健康的孩子,需要稳定的家庭经济,只有经济状况稳定,才能减轻父母的精神焦虑,才能为孩子营造一个轻松愉快的家庭环境。在援助父母的政策措施中,部分内容是与消除贫困的政策措施重叠的。尤其需要强调的是工作援助。这个政策措施不仅要为父母找工作,还要帮助工资待遇低的父母争取提高待遇,因为日本的贫困问题不是失业问题,而是越工作越贫困的问题。越工作越贫困的诸多问题中有非正式员工的待遇问题、职业培训与技能的有待提高的问题、工作与生活的平衡问题、男女性别歧视等问题,各种问题层出不穷。

减轻住宅费用负担也是必要的。这个建议从来没有人提过,也没有人议论过。我认为在这方面可以打出现金支付和实物支付的组合拳,比如优先入住公共福利住宅,提高公共福利住宅的质量,扩大福利住宅的数量,降低民营房地产中介租赁房屋租金等。在发达国家中,日本的住宅费用在家庭所得中占比最高,而住宅费也是低收入家庭的最大支出,如果没有了这笔支出,很多家庭收入水平便自然而然超出了贫困线。恶劣的住宅条件也会损害孩子的健康。但是,日本不但缺乏公共廉租房源,也没有鼓励民间低价出租房屋的政策。

我一提及减贫政策就会变得唠唠叨叨、滔滔不绝,请诸位读者见谅。话归正题,为达到消除儿童贫困的目的,建议向孕妇和残障儿的父母提供现金支付。

孕妇援助

贫困对孩子的影响从胎儿期便已经开始。所以,妇女在孕期能获得现金支付及实物支付等援助是最理想的。日本建立"母婴手册"制度非常科学,手上有了这个手册就等于与政府相关部门形成了对接,政府部门便可以开展针对贫困母亲的援助工作。

父母的疾患（精神疾患、自杀、依赖症）

前面章节提及的内阁官房社会包容推进室实施的社会调查发现，很多调查对象的父母自杀、患有精神疾患（含依赖症）、有智力障碍或发育障碍。在母子单亲家庭和贫困家庭中，家长健康状态尤其是精神状态不佳的概率很高。父母的精神疾患和自杀是儿童贫困问题的最重要的原因之一，也是孩子受社会排挤的诱因，更会引发成年后的贫困、蛰居、流浪、毒品依赖。

单从孩子的外表看不到父母的贫困状态，外表的假象可能会让孩子错过援助项目。不过，为父母提供的医疗服务可以将这样的家庭与政府行政部门衔接起来，因此，通过医疗服务渠道走进贫困家庭也是一种可行的方法。考虑到在治疗过程中不容易触及家庭困难，如医疗、福祉、教育行政机关三者联手，应可有效杜绝父母的疾患与影响孩子健康成长的障碍。

第七章 教育与就业

毋庸置疑，消除儿童贫困的核心是教育。教育是对孩子未来的投资，是切断连锁贫困的利器。教育援助政策多种多样，如将教育费以现金形式直接支付给贫困家庭，还有以实物支付方式进行的"学习援助项目"等。在这一章中我将分三部分阐述教育政策：一、缩小教育经费差距的政策；二、缩小学力差距的政策；三、保证校内学习生活的政策。

后半部分谈教育与就业对接的政策。虽说大学升学率比过去有很大提升，但到2013年为止也只有49.9%，约有半数的高中毕业生会在成年（20岁）之前踏入社会。还有从中学和高中退学的贫困层的孩子们，更是在16岁之前便脱离教育制度，过早地离开了政策的呵护。他们身陷工作不稳定、犯罪、低龄怀孕、流浪的险恶环境中，沦落为社会最弱群体。为避免他们在做好充分准备之前便贸然步入社会，在从学校到工作的过渡阶段，社会和政府应该出台政策为他们提供援助，这对消除贫困非常重要。

第一节　教育费用

据2013年经合组织的统计数据，在发达国家中日本是教育费在家庭消费中占比最高的国家之一（图表7-1）。但教育费中公共资金的占比，日本为70.2%，大大低于经合组织国家83.6%的平均值。

图表 7-1 教育费中的公共资金比率

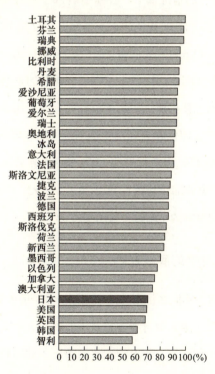

出处：经合组织（2013）*Education at a Glance 2013*

教育费中占比较大的部分是校外教育费用。最近几年，城市的小学生普遍上校外补习班。在地方，中学生和高中生上校外补习班和兴趣班的现象也很普遍。这笔教育费当然不菲。根据文部科学省发布的《儿童学习费用调查报告》，用于"校外活动费"的情况如下：公办小学 20.7 万日元、私立小学 58.4 万日元；公办中学 29.3 万日元、私立中学 27.9 万日元；公办高中 15.6 万日元、私立高中 23.8 万日元。

家庭教育费用支出因各自家庭经济状况的不同会产生较大差距。如以上数据所示，用于校外教育的费用从小学开始便有很大差距，即便在公办小学也不例外。年收入不满 400 万日元的家庭的年均教育费用 13 万日元，年收入 800 万至 999 万日元的家庭的年均教育费用 29.3 万日元，年收入 1200 万日元以上的家庭的年均教育费用 48.5 万日元。

基本教育费的底线在哪里？

毫无疑问，不同经济条件的家庭用于孩子的教育费不同，而且差距很大。今天教育费支出在不断增加，不久的将来教育费用差距大的问题一定会引起普遍关注。动用政策手段消除这个差距是不可能的，因为政府无法阻止父母送子女进私塾补习功课以升入私立学校。

　　为解决教育费差距问题，在政策层面能做些什么呢？我认为有效答案有两个，一是保证向所有孩子提供基本教育费，二是将消除贫困和教育费用差距问题分开考虑。一是消除贫困的问题，二是消除差距的问题。对于如何解决差距问题，在此我无法给出答案，但是消除贫困，我们一定要竭尽全力做到。如果能保证向所有孩子提供"基本教育费"，那么确定援助目标是不成问题的。

图表 7-2　不同收入家庭的校外补习费

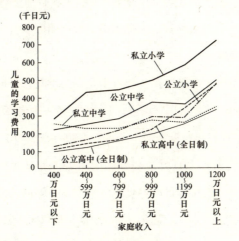

出处：文部科学省，《2010年度儿童学费调查》

义务教育阶段全额免费

首先抛出一个问题：您认为将所有孩子都应享有的"基本教育费"投入到哪个阶段最合适？我个人认为，至少义务教育阶段应在其中，并相信这个观点可以获得全国人民的认可。我曾带领科研团队来到东京都三鹰市，就"维持日常最基本生活的最低花销"进行调查，受访对象一致认为"公立中小学的必需费用是不能砍掉的花销"。这里的必需费用指配餐费、教材费、记录本费、书写用具费、绘画材料费、书法用材费、修学旅行费、校外学习费、家长教师协会（PTA）会费、课外小组活动费、体操服费、校内用服装费、统一校服费、乐器费等。

这些零碎学杂费加在一起可不是一个小数目。据文部科学省实施的"学习费用"调查，其中"一个孩子年平均费用"（学校教育费和学校配餐费）显示，公办小学约9.7万日元，公办中学约16.7万日元，公办高中约23.8万日元。大家都认为，理解、消化科目内容仅凭教科书是不够的，需要花钱进行课外辅导；另外，完美的学校生活不仅仅限于校内学习，还有课外小组活动等丰富多彩的活动，因此，为避免因家庭经济条件而让孩子的学习和学校生活产生缺失，社会需要采取相应的预防措施。

现行的就学援助费项目可以用来解决上述费用问题，对经济条件差的家庭来说，这是一个解燃眉之急的项目。它的美中不足之处有三：一、全国没有统一的收入标准和援助内容，每个地方政府各不相同，无法保证所有地方政府都会将援助金全额投入到项目中；二、大部分地方政府设定的收入条件参照的是最低生活保障制度，援助金额在最低生活保障的1.3倍和1.4倍之间，这个额度设定的问题在于，当家庭收入突遇滑坡时，根本不可能保证孩子的教育不受影响；三、就学援助费的领取资格与最低生活保障金标准额度挂钩，会产生负面联动现象，如果最低生活保障制度减少支付，那么，就学援助费的支付也会随之下降。2013年8月，政府大幅修改最低生活保障制度，减少了最低生活保障金的数额，当时我和众多学者以及援助者都提出了上述观点，并发表声明要求中央政府和地方政府慎重考量。由于就学援助费制度本身是各地方政府根据各自的条件设计的，所以我们的呼声能发挥多大作用，真的是个未知数。

简而言之，问题二和三属于"漏发"费用问题，是筛选制度的最大缺陷，有关观点已在第四章有阐述，在此不赘。有关解决漏发问题的方案，我倒是有一个想法，即将就学援助制度转换为普惠性政策。因义务教育属于普惠制度，而校园中部分活动带有筛选色彩，两者实在不相匹配。固然，各地方政府有各自的财政方面的困难，但学校生活中不仅有配餐，还有修学旅行、课外小组活动等，这些活动也应该无偿化。

高中

现在，高中教育是九年义务教育之后的升级版教育。高中教育"属不属于所有孩子都应享受的基础教育"，这个质疑在今天显然已变得模棱两可。在几乎所有孩子都可以升入高中继续读书的今天，应全力杜绝学生因经济困难而放弃升入高中或从高中退学的现象，这种努力应该得到全国人民的支持。我曾经调查过普通市民的意识，72%的受访者回答"应该让希望读高中的孩子升入高中"，由此推测公办高中免学费及高中就学援助金制度（向私立高中学生支付部分学费制度）的实施前景乐观。在日本，有关高中教育应采取的是普惠制度还是筛选制度的争论，尚处于初级阶段。

保证高中升学率仅凭免费是不够的，因为交通费、制服费、课外小组活动费等学杂费也是不小的支出,不堪这些负担而退学的学生不在少数。如果政府真诚希望孩子们从高中顺利毕业,应该考虑用现金支付的方式资助高中阶段的学杂费。

大学

高中应届毕业生是否应该全员升入大学继续深造?如果是,国民是否能予以大力支持?对此目前还不好判断。之前提及的网络调查结果显示,同意高中应届生升入专科及大学的受访者仅占33%,未及半数。尽管如此,我还是认为,提高赠予型奖学金额度,是消除儿童贫困的重要措施。理由有二:其一,奖学金是对憧憬未来的一种奖励,通过奖学金告诉孩子们只要努力就能实现梦想。这些年,年轻人就业难问题没有任何改善,高中毕业生得到稳定工作的可能性近乎为零,"努力的结果充其量也就是做个非正式工",这种颓废情绪在年轻人中弥漫。其二,资助精力旺盛而能力强的孩子,让其潜力得到充分发挥,这是国家的劳动政策。日本的未来需要新技术、新商贸,年轻人是国家和民族的未来,如果年轻人的发展潜力在萌芽状态下便枯竭,那么,日本还会有未来吗?

第二节　缩小学力差距

学力差距是更加棘手的问题。教育经费差距可以通过加大资金投入补齐，那么，哪个途径和方法能解决学力低下的问题，的确是个让人束手无策的难题。不正视学力差距、教育经费差距的扶贫，是没有多大意义的。

赫克曼强调，处于社会经济低层的孩子，会因昂贵的学费及入学金等而放弃接受高等教育，而比这个更严重的问题是因短期性经济制约产生的学力差距，因为此差距决定孩子是否能考上大学。有充足的数据支持这个观点，而学力差距早在小学阶段便显现。在此背景下研究校外教育费差距（校外辅导班、网络授课），得出的结论必定会有欠缺、片面性。我们依然需要改善公办小学等公办学校的办学条件，优化教学方法，提高教学质量。如果不消除校内学力差距，那么，现行的学习援助工程等扶贫工作只能是治标不治本。

如何解决公办学校的学力差距问题？对于这个问题，教育界已进行了较长时间的讨论及相关研究，时至今日尚没有找到决定性良策。教育进程的复杂性可见一斑。

我是个教育门外汉，谈论教育问题如同与巨型怪物对峙，我甘拜下风。斗胆介绍美国研究成果，不过蜻蜓点水而已，但或许会对日本今后的教学政策研究走向有所启发也说不定呢。

预防"掉队"

在进入正题之前，先简单回顾一下第三章讨论的贫困与孩子学力之间的关系。第三章的第一节中引用了第一章的两个图表，一个是关于学力与家庭经济条件之间关系的图表1-7，另一个是关于哮喘与收入阶层之间关系的图表1-8。前者的学力差距存在于各个阶层，既存在于年收入仅为100万—200万日元的低收入家庭，也存在于年收入在700万—900万日元的中高收入家庭。从图表的数据可以得出结论，简单地设立"消除学力差距"的目标容易让减贫项目跑偏，换言之，消除学力差距是为了不让任何一个孩子掉队。其预防方法放在下一节"宽松的学校生活"中讨论，因为这个问题与杜绝逃课对策有密切关联。本节将深入探讨传统教育政策中的教育预算及人才资源问题。

增加教育预算

缩小学力差距的对策之一。

美国自20世纪60年代开始致力于切断贫困链条并大幅增加教育经费。1965年颁布的初中教育法中有一个"题目1"的项目，目的在于缩小学区间、地域间的教育预算差距，国家预算向根据国家普查数据推断的儿童贫困高发区域倾斜。其预算规模和设计内容充满创新精神，具有划时代意义，受到社会的广泛关注。那么效果如何？遗憾的是多个政策评估报告显示其效果并不理想。"题目1"项目没有收集到学力差距得到缩小的实例。尽管此项目将预算扩大到很多地区，但各地区当时都在缩减教育预算，所以教育预算整体上并没有扩容。由此断言，这个项目的问题不是出在向贫困地区倾斜的设计上，而是出在实施阶段。

如此结果实在让人心灰意冷，它告诫我们不可以简单地扩大预算，如果没有统筹规划、综合布局，再好的预算也会停摆、付之东流。

那么，如何做到鱼和熊掌兼得？

方法之一是增加教师工资。劳务费在教育费中占比最高，教师是基础教育中最重要的资源。提高教师工资待遇能吸引新生力量和优秀人才，也能保证教师队伍的稳定，让应聘者拥有自豪感。

但是，在教师队伍中新晋教师只占小部分，如果提高所有教师的工资费用，其财政支出不是小数目，何况也没有数据证实提高工资与教师队伍质量提高成正比。在教师人员流动性高于日本的美国，用高工资高待遇的形式吸引优秀人才加入教师队伍的举措似乎行不通。而日本，公办学校的教师属于公务员，稳定性高，人员流动问题不突出，提高教师工资不会收到两全其美的效果。

年级小班制

缩小年级规模应该是有望实现的措施。美国已完成实验性运作，评估报告也比较理想，上小班的贫困层孩子的学习成绩有提高。日本有关小班制与学习成绩关系的研究，最近几年在陆续出成果。文部科学省国立教育研究所的研究报告显示，班级规模大的问题多为"听不清老师讲课""同学间矛盾增加""教室里太吵"，报告的结论也是问题多于益处。有的报告还显示，在班级人数低于标准人数的小班中，成绩差的学生的成绩也高于非小班的同水平学生的成绩。

对于小班制，经常有人这样反驳我：过去班级的人数比现在要多很多呢，现在的班级人数因为少子化已减少了很多，为什么孩子们的学习成绩不升反降？岂不是很可笑的现象？我提醒持这种观点的人注意这个问题中"过去"这个时间点，过去的条件和教师所处的环境，与今天大相径庭。与小班制带来的有利条件相比，贫困率不断上升的外部环境，带给孩子们的影响更大更深。对于这个比较结果，社会科学尚无明确定论，但在目前条件下，小班制已经实实在在地收到了良好效果，就凭这一点不也值得我们继续大胆尝试下去吗？

美国的报告显示（图表3-4），高资金投入与小班制的学习的性价比不高，而与美国的教师工资体系等有很大不同的日本，是否适合这个报告提出的结论，尚没有明确答案。总而言之，小班制不失为值得深入探讨的政策选项。

教学课程的改进

图表3-4 [美国消除贫困项目的收益（推算数字）] 中，位于第二位的"费用与效果的性价比"项目是新增加的，因为我们成功引入了"一切皆有可能"课程。

因地制宜、因材施教的教学课程的开发能让我们收获理想效果，相关科学教学课程如果能开发出来，就有望得到普及。为此,怎样的课程能激发落后学生的求知欲和积极向上的欲望呢?隔行如隔山,寄望教育界的实践与研发。

第三节 宽松的校园环境

我认为宽松而包容的校园环境要比缩小或消除教育费差距和学历差距更重要。"包容"意为"包容性社会",在欧盟属于社会政策的基本概念,每个人都应得到社会认可,有资格参加各种活动,其价值观即便是很小的存在,也能发挥独特作用、实现自我。与包容性社会成对照的是"排斥性社会",不被社会认可、不被各种社交活动接纳,在这样的社会里,有的孩子无容身之地。

宽松而包容的学校生活之所以重要,是因为对于孩子而言,学校是重要的社会活动场所,在这里得到宽容对待是消除儿童贫困的基本前提。学校不仅仅是学习的场所,也是培养孩子的社会性、社交能力,帮助孩子确立自我的空间。学校在提高孩子的学习能力、让孩子完成学业之前,不应该先成为让孩子身心愉悦的地方吗?不应该是让孩子得到老师和同学们认可、安心学习和活动的圣地吗?

杜绝逃学和退学

遭受学校排斥后表现出的极端反应是逃学和退学。政府发布的 2009 年数据显示,一年缺课超 30 天的孩子超过 12 万人。虽然也有调查结果显示,逃学的孩子半数以上升入了高中或找到了工作,但逃学的经历会给他们的就业带来不利因素。

大部分人认为逃学的原因在于本人,但追根溯源,就会发现其背后隐藏着的问题比较复杂,有校园欺凌及教学质量差等学校方面的因素,也有家庭经济条件差的问题,还有父母健康问题、就业环境问题,等等。这些问题来自学校及社会,唯独不属于学生本身。那么,为什么孩子变得不愿意上学、抵触上学?应该探明这些深层次原因并尽最大努力铲除根源,如果无法铲除根源,也至少应该为这些孩子提供其他形式的教育。

尤其值得一提的是,在义务教育阶段逃学多的孩子,无法像大多数孩子那样享受到最基础的教育,等于丧失了作为学生的最基本权利。我们的教育制度虽然敞开了校门,却以"不进来是你自己的问题"的高冷姿态示人,凭此态度怎么可能找到治愈孩子逃学问题的良药？我们需要的是预防性政策措施，解决如何把逃学的孩子拉回来，让他们重新走进校门的问题。如果孩子完全放弃重返学校，那么应该采取怎样的教育方式补救？怎样打造一所没有学生逃学的"魅力学校"？需要解决的课题很多。

哪些具体工作我们可以做？国立教育政策研究所给出如下建议：掌握上个学期所有逃学和缺课学生的情况及逃学风险高的学生的动态，对逃学天数尚未达到 30 天期限的学生进行干预，与校内心理咨询师及保健教员携手共同应对。此外，有专家学者提议：改善学生的交际能力（包括克服社交恐惧意识、自我价值认可、感受生命的意义）、鼓励学生学习进步（教师讲解力求易懂、实行小班制等）。

交往恐惧症、不认可自身价值、感受不到活着的意义、学习成绩差等，无一不是贫困孩子群体中常见的现象。为杜绝逃学而实施的教育改革，本质上是帮扶贫困阶层孩子脱贫所需的对策。这些建议和提议没有粗暴地将逃学问题简单地断定为人际交往障碍，而是强调逃学是与学习问题相伴而生的。我赞赏这个观点。建造没有学力差距的、所有孩子都喜欢的、充满魅力的学校，对消除儿童贫困工作是有极大帮助的。此外，防止逃学工作必须将贫困孩子问题纳入视线，如果需要，可以与福祉行政及社会福祉协议会等社会资源展开密切合作，最终实现与支援贫困家庭及父母的扶贫工作无缝对接。在防止逃学工作方面，这两项工作是相辅相成、缺一不可的。

防止从高中退学

预防从高中退学的工作与预防逃学的工作同等重要。文部科学省的资料显示，2012年从高中退学的人数多达6万人左右，虽有个别学生退学后转校继续读书，但大多数孩子的退学原因是学习跟不上，成绩上不去，不适应学校生活及学习、经济条件差等家庭问题，可以说，这些原因大部分是贫困问题导致的。

从高中退学并不是为自立而做出的选择。内阁府于2010年以高中退学者为对象开展了"高中退学者意识调查"的问卷调查，结果显示，退学人数占在校生的三成，其中半数实现了就业，而剩余的多半沦为"自由职业者或打零工者"，此外"正在找工作"的占14%，"做家务或帮助做家务"的占11%，"怀孕或育儿中"的占5%，"无事可做"的占4%。

对于高中退学的理由（多选题），占首位的是"缺席和缺课过多，没希望顺利毕业"，占 55%；"不喜欢校规和校风"，占 52%；"不理解学习内容"，占 4%；"人际关系差"，占 46%。不难发现，这些理由与逃学的理由如出一辙。因此，我认为为孩子营造一个宽松、有包容性的学校环境，是预防和杜绝逃学、退学的关键。

第四节　强化教育安全网

非全日制高中、函授教育机构、夜校

非全日制高中、函授教育机构、夜校是贫困孩子继续接受教育的最后一道防护网、安全网。

非全日制高中及函授教育机构最初的目的在于为白天工作的孩子提供后期中等教育，现今来此接受教育的学生，已不仅仅是白天工作的孩子，还有在现行教育体制下遇到问题的孩子。文部科学省 2013 年的资料显示，在非全日制高中生中参加工作者占 42%，但其中有固定工作者仅为 2.7%。超半数的没有工作的孩子，大部分是从全日制高中转学过来的，

他们中有的孩子曾逃过学,又不能离开父母独自生活,有的孩子则根本没有机会读全日制高中。

此类教育机构最适合精准儿童扶贫工程。因为就读于非全日制高中和函授学校的孩子的阶层,与贫困孩子的阶层高度重合,非全日制高中在校生的26.5%来自母子单亲家庭,4.9%来自父子单亲家庭,1.6%的监护人为非亲生父母。不言而喻,在这里单亲家庭和无父母的孩子比较集中。

第四章中强调,儿童减贫对象的选定不应以个体孩子为单位,而应以学校、机构设施、地区为单位,因为这样的筛选形式可以最大限度地避免"贫困标签化""漏掉符合条件的对象"等遗憾。2012年,非全日制高中的在校生约11.2万人,函授教育机构在校生约19万人,以此推算,全国高中在校生355万人中3%为非全日制学生,5%为函授生。参照第四章的"金字塔",非全日制和函授高中生的状况相当于金字塔尖上的小三角,正因为其规模小,所以国家应该有能力施予丰厚的资助。

但是,目前非全日制高中的数量在大量缩减。2004年全国尚有814所,8年后的2012年减至681所,这8年间有133所学校被合并或停办;与此相反,全日制高中数量不降反升。这造成学生上学的时间和经济成本均有上升，无形中导致他们上学难度增加。目前已有报告称，有的学生因负担不起学生交通月票费用而开始逃学。非全日制高中退学率和逃学率高出全日制高中许多。2010年度，全日制高中的退学率不足2%，而非全日制高中的退学率则超过了14%；厌恶上学率方面，全日制高中不足2%，非全日制高中则高达11%。非全日制高中和函授学校是"最后一道安全网"，我们需要付出努力来强化，关闭这类学校，无疑是倒行逆施。

文部科学省中央教育审议会中学中等教育分会及高中教育部门会议指出，为加强对非全日制高中的资助及咨询工作，需要加强对校内心理咨询师专业队伍的建设，还要鼓励学生遇到困难时向心理咨询师敞开心扉。此外，要加强与校外咨询援助机构的合作配合，提高教育资质及个人工作能力，这些无一不是亟待解决的问题。为早日消除儿童贫困，真诚希望有关部门尽快采取行动。

我要特别强调的是，预防学生厌学和退学的工作非常重要，为此要同时抓好对儿童、学生的资助工作，加大其资助力度是不可或缺的，不可顾此失彼；加大对学校配餐等日常生活的资助力度，配合福祉项目改善困难家庭的经济条件等工作，都是有意义的尝试；也可以考虑采取相关措施，让孩子离开原生家庭，过上稳定生活（如住宿等）。

第五节　援助工作由学校延续到职场

工作稳定

在这里谈谈教育与就业的交叉。贫困阶层的孩子多在未成年阶段便脱离教育制度的轨道而过早进入劳动市场。在制定消除儿童贫困政策的阶段，政策制定者应该一面考虑如何抓住孩子的心，让他们留在教育制度框架内，一面考虑从教育到就业如何平稳过渡的问题。如何让孩子平稳顺利地进入劳动市场，获得安身之地，是制定政策时重要的参照条件。

第六章提及的内阁官房社会包容推进室展开的调查还显示，未满30岁的流浪者、毒品依赖者、最低生活保障金领取者等，是被社会极度边缘化的年轻群体，他们大多在未成年阶段便步入社会，经历过失业、频繁换工作，直至被社会排斥、抛弃，即所谓的首次就业失败后遗症。在日本首次就业可以决定一个人的人生,如果首次就不顺利,那么,今后很难通过换工作找到称心如意的工作和单位。因此,从教育阶段进入就业阶段即从学生变为社会人的身份转换之际,我们应该责无旁贷地为他们保驾护航。

这个人群的年龄处于孩子与社会人之间,针对他们的公共支援力度,2000年之后才开始增强,之前则相当薄弱,究其根源在于"蛰居"(NEET, Not in Education, Employmet or Training)问题。"蛰居"在这里指没有学籍而又不工作的年轻人,厚生劳动省定义为"在15~34岁的非劳动力人口中,那些不做家务不上学的人"。政府推出了针对"蛰居"年轻人的一系列措施:安置工作、帮扶自立的学习塾、一站式服务中心等,最有代表性的是厚生劳动省推出的"社区年轻人援助站点工程"(简称援助站)。援助站自2006年开始实施示范工程,自2008年正式全面推广。

援助站为15~39岁的年轻人提供的援助,内容丰富多彩:校内专用服务点、家访、资讯、潜能开发(与工作单位对接、职场体验、介绍职业等)、与监护人沟通、提供生活援助(生活规律的养成、集体生活的训练)等。目前全国设有160个援助站,截至2011年,共接待45万人,实现就业及接受职业培训、成功升学者达1.2万人，成绩喜人。当然，来站点求助的人不仅是中学毕业、高中退学等低学历的孩子，也有曾经逃学、蛰居、患过精神疾患的年轻人。他们多为低收入阶层家庭出身、带有许多原始家庭问题的人。我认为，援助站可以在消除儿童贫困方面发挥积极作用。

谋求聘用方配合

有人认为援助站的成绩很好，但发挥的作用还不够大，还需扩大支援范围。其一，应加大校内援助力度，不要仅限于就业，还要与学校联手防范退学。其二，虽超出援助范畴，但应该考虑给予聘用方适当的援助，如通过普及实习等制度，对聘用身体障碍人士的企业予以援助，降低企业聘用年轻人和残障人士的门槛，鼓励企业积极雇用身体条件差的年轻人，将聘用残疾人士等纳入公共事业综合招标条件，表彰积极聘用残障人士的企业等。

此外，在改善职场环境方面还需付出努力，这不仅仅有益于年轻职员，也关乎所有职员的利益。职场欺凌、曾患精神疾病的职工重返工作岗位及继续工作的问题、超时劳动、黑心企业、非正式职工的高贫困率、过劳等，这些都是劳动市场底层人经历过的令人痛心的遭遇及所处的恶劣环境。这些问题在年轻人中发生的频率很高,吞噬着年轻人的未来与梦想。

儿童减贫工作任务艰巨,任重道远,如果社会不给予处于成长期的孩子们足够的包容性,那么,无论实施多么有力的援助,都无法阻止"连锁贫困"的发生。

劳动法及社会保障的知识

与此同时,应采取强有力的保护措施,保护那些过早踏入危机四伏的劳动市场的孩子——他们在没有做任何准备的条件下便贸然踏入了社会。因此,在学校教育阶段有必要对学生进行劳动法和社会保障制度的教育,让孩子们尽早掌握自我保护的最基本知识。

首先,要让孩子们知道,怎样的遭遇属于对自身利益的侵害。做到让孩子们了解劳动者权利的具体内容及什么是违法劳动的状态,懂得在恶劣的处境里如何申请援助等。这虽不是一件容易的事,但让孩子们树立正确的观念很重要,千万不要认为孩子们会随年龄的增长,自然明白这些自我保护的常识。

其次，让孩子们掌握自我保护的应急知识。教会孩子们当遇到性骚扰或语言暴力时怎样应对、与谁商量，当陷入困窘时向哪个机构求助等，这些都涉及劳动法和社会保障制度。如果条件允许，应该从小学抓起，让小孩子们掌握这些基础知识。

最后，应该增强孩子们活学活用相关知识的能力。遇到问题后主动找人商量，这本身就需要行动力。如果孩子有很强的自尊心及着手解决问题的行动力，那么，事情就会有朝着解决方向发展的希望。从幼儿期便开始受到贫困等各种负面因素的侵扰，孩子的"能力源"会被渐渐削弱。鉴于此，我们应采取综合措施、组合拳的方式努力消除儿童贫困。

第六节 教育和援助从事儿童工作的成年人

最后要强调的是，对接触孩子的大人们也应该进行教育并实施援助。社会对于儿童贫困的现状虽有较广泛的了解，但认知度尚处于低水平。即便是日常与孩子有密切接触的教师和保育士，也有很多人不了解孩子"贫困"的具体情况。现代贫困具有很强的隐蔽性，不容易被发现。甚至长期与儿童打交道的专家，也辨识不出自己面前的儿童是否贫困儿童，还有很多教师和保育士甚至根本不知道六分之一的儿童处于相对贫困状态。

因此,教师、保育士、儿童馆职员等人员培训课程的内容中应该有儿童贫困的真实情况、背景以及援助家庭项目等的申请方法。

终章

政策目标：消除儿童贫困

第一节 《消除儿童贫困法》

这里有一个令人振奋的好消息。终章从好消息开始。

2013年6月19日，日本参议院全体会议通过了《推进消除儿童贫困法》(《法律》第64期，2013年6月23日。简称《消除儿童贫困法》)。当年3月该法的草案提交国会，仅仅过了3个月便通过，真的没想到会这么快，远远超出长期研究儿童贫困的学者及研究者的预期。数年前我的上司还曾在我的论文中用红笔批示道：不要将"儿童"和"贫困"挂钩，会引起民众误解。而今，不仅将"儿童"和"贫困"串联在了一起，还以立法的形式表示誓与"儿童贫困"抗争到底。万分感慨美梦成真，真是三生有幸！

这个法律的基本理念是"必须通过教育支援、生活支援、就业支援、经济支援等措施推进消除儿童贫困事业，其目的在于避免孩子的未来受原始家庭环境左右"（第二条），强调国家和地方公共机构有义务制定并实施消除儿童贫困的综合政策。

《消除儿童贫困法》明确了消除儿童贫困的理念，具体实施有待"实施大纲"出台,根据大纲制定的方针政策开展教育支援、生活支援、对监护人的就业支援、经济支援等。大纲的制定工作由内阁府的"消除儿童贫困会议"承担,总理大臣任会长,委员由会长从国务大臣中选拔。

儿童贫困的测算指数

根据法律规定,政府有义务每年公布儿童贫困状况。厚生劳动省于2009年发布的当年儿童贫困指数为15.7%,采用的是相对贫困率的统计法。日本儿童贫困指数之高震惊了全国上下,因为在此之前没有任何儿童贫困公共数据公布。也因为没有此数据的公布,在第三章中的"对象者金字塔"的规模没有得到过确定,也无法明确"贫困儿童"是指儿童养护设施中的2.9万人、领取最低生活保障金的28.6万人,还是包括其他的儿童。正因为如此,"15.7%、六分之一的儿童",这个具体数字的公布实在是意义非凡。

对政府应采用怎样的指标衡量儿童贫困,法律没有做出明文规定。法律只明确提及有关"降低儿童贫困率、提高领取最低生活保障金家庭孩子的高中升学率的措施"(第八条第二项第二号),因此,这部分内容将在大纲里有所体现。无论今后政府选择哪项指标,只要按法律条款的明确规定,坚持测算儿童贫困率并公布其结果,就是在基本层面上开展消除儿童贫困工作。20世纪60年代,政府停止了对儿童贫困的测算工作,之后的40多年我们忘记了何谓"贫困",这是个惨痛的教训,我们不能忘记。测算贫困是消除贫困政策迈出的第一步。

法律没有规定什么是儿童贫困指数。采用收入数据测算相对贫困率的方法,虽然为各国政府和国际机构所采纳,但日本有必要从已有的各种指数中筛选出数个为我所用。有很多国家和国际组织已确定各自的儿童贫困指数,我们可以拿来参考。

未来课题

《消除儿童贫困法》通过后,相关课题也接踵而至。大纲到目前(2013年9月)为止尚未出炉,贫困儿童指数的测算方法尚未确定,这些都在告诉人们,"日本的儿童减贫措施已经非常完美"的欢呼雀跃为时过早。从事儿童减贫工作的相关人员心里都很清楚这样的道理:欢喜有多大,失望就有多大,现实击碎美好理想时的残酷无情就有多么恐怖。曾经翘首盼望过数个所谓"概念上的法律"的成立,但都因无可行性政策出台而屡遭虎头蛇尾、不了了之的厄运。在日本财政不容乐观的背景下，此次通过的《消除儿童贫困法》能否避免重蹈覆辙？对此我没有把握，其前景也不容乐观。

要在有限的预算中加大《消除儿童贫困法》的执法力度。为达到目标，我在本书最后的总结部分，提出我个人的儿童贫困指标及政策选择的优先顺序。我在制定贫困指标的过程中，借鉴了我国的儿童贫困指标，毕竟这个指标是借鉴其他先进国家经验并摸索出来的。有关政策选择的优先顺序，前几章多有探讨，故在此不作赘述，只做简单总结。

第二节　测算儿童贫困

英国的指标

儿童贫困指标的测算得到许多发达国家及国际机构的重视，其中英国的案例被世界普遍认可。1999年时任首相的布莱尔（工党）宣布英国将在2020年之前彻底消除儿童贫困。这个目标并没有因政权更迭而中止，保守党取代工党执政后，继续推行儿童减贫进程，2010年颁布了《儿童贫困法》，规定政府有义务在2020年度至2021年度之内消除儿童贫困,为此可以采用4个数据用于贫困指标的测算。

1. 相对贫困率(未达到等价家庭收入中位数60%的家庭的孩子的比例。贫困线为中位数的60%。收入中含居住费)。

2. 绝对贫困率(采用2010年至2011年的贫困线)。

3. 相对贫困率与物质剥夺指标之和的指标。

4. 持续贫困指标(连续4年中3年处于相对贫困状态)。

政府许诺2020年之前消除儿童贫困,具体目标包括相对贫困率减少10%,绝对贫困减少5%,相对贫困率与物质剥夺指标之和的指标减少5%(没有设定持续贫困指标的数值目标)。

欧盟的指标

英国设有4个指标,其中第2个和第4个是第1个的延伸,实际构成只有相对贫困率和物质剥夺指标。由这两项指标组合而成的贫困指标成为发达国家的标准,欧盟采用的也是这个指标。欧盟的战略目标"欧洲2020"表示,2020年之前减少贫困和被社会边缘化人口300万,采用相对贫困率和物质剥夺指标测算贫困和被社会边缘化的人数。这个社会政策覆盖欧盟所有成员国,目前有19个成员国采用这个指标。

此外，有10个成员国（比利时、保加利亚、爱沙尼亚、希腊、塞浦路斯、匈牙利、奥地利、斯洛文尼亚、芬兰、英国）将相对贫困率设为政治目标数值。

相对贫困率

进入正题之前先解释一下相对贫困率和物质剥夺指标的概念。

相对贫困率是发达国家最大众化的贫困指标，计算数据通常采用国民收入的数据。家庭成员收入之和为"家庭收入"，将"家庭收入"按家庭成员人数调整生成的数值为"等价家庭收入"。将"等价家庭收入"社会整体中位数的50%或60%设定为贫困线，贫困率是等价家庭收入在贫困线之下的家庭人口的比率。在所有孩子中，等价家庭收入处在贫困线以下的孩子的比率便是"儿童贫困率"。

剥夺指标

贫困的剥夺指标由英国社会学者汤森提出，"一日三餐是否得到保证？""拥有的鞋子是否在两双以上？""家里所有房间是否都有取暖设备？"等生活状态是社会调查的对象，

> **相对贫困率的定义**
> 家庭收入＝家庭内所有成员收入的合计数
> 等价家庭收入＝家庭收入 ÷ 家庭人数的平方根 [*1]
> 贫困的标准＝等价家庭收入中位数的 50% 或 60%[*2]
>
> *1 等价家庭收入的家庭人口调整的最普通方法是将孩子和成人分开考虑，此外还有数种方法
> *2 经合组织为 50%，欧盟为 60%

根据接受调查问卷的人数及选择答案的数量划定指标。每个调查项目根据各自目标设定问题及数量，学者汤森在最后一次调查项目中设有 10 个项目。

相对贫困率是根据家庭可使用资源（＝收入）而推算出生活水平的方法，剥夺指标所测算的是家庭实际生活质量。

剥夺指标直观易懂，可以触碰到使用收入数值时测算不到的生活质量。发达国家虽然基本上都在实施收入调查，但剥夺数据还是不齐全，因为大规模的收入调查需要庞大的经费支持。

剥夺指标是欧盟在成员国中展开的社会调查项目之一。爱尔兰、新西兰等使用这个指标测算贫困指标，并将贫困指标纳入公共统计项目中。以欧盟为例，其"儿童剥夺指标"所采用的指标如图表终 -1 所示。

采用相对贫困和剥夺指标计算贫困率的国家和地区：
欧盟、比利时、捷克、希腊、西班牙、意大利、塞浦路斯、拉脱维亚、立陶宛、匈牙利、马耳他、奥地利、波兰、葡萄牙、罗马尼亚、斯洛文尼亚、斯洛伐克、芬兰视相对收入贫困或被社会排斥（剥夺）为贫困
爱尔兰视持续性贫困（相对贫困并处于被剥夺状态）为贫困
英国视儿童贫困为贫困
法国将剥夺指标视为贫困
经合组织视物质剥夺指标为贫困

图表终 -1　欧盟的儿童剥夺指标项目

项目	对象
新服装（二手服装不计） 两双合脚的鞋 一日摄入1次蔬菜和水果 一日摄入1次肉和鱼 有与年龄相符的书籍 户外休闲用具 室内游戏 学习和做作业专用房间 定期休假 庆祝特殊日子 招待朋友到家里玩耍、分享美食 参加学校组织的缴费远足及活动 一年至少1次离开父母在外休假	儿童
淘汰旧家具，买新家具 按时交纳按揭、房租、公共费用、分期付款 拥有计算机，家里有专用网线 家里的室内温度足够取暖 有私家车	儿童所在家庭

出处：阿部等（2013）

复合指标

基于贫困现象的多面性，很多学者在测算生活质量时，基本上是多种指标并用，如同时使用收入、健康、教育、主观性贫困等指标，有联合国的人类发展指标、欧盟的社会排斥指标、联合国的多次元贫困指标（MPI）、英国的健康生活指标（WNW）、经合组织的美好生活指标（Better Life Index）、联合国儿童基金会的儿童幸福指数（Child Well-being Index）、美国的儿童健康生活指标等。

其中，联合国儿童基金会于2012年发表《发达国家儿童的健康生活报告》（UNICEF，2012）所采用的儿童幸福指数，如图表终-2所示。

安全监控指标与目标指标

日本国会审议《消除儿童贫困法》时，最大的争议集中在是否设定削减儿童相对贫困率的目标，到目前为止尚无法确认政府是否会在大纲中设定这个目标。如前所述，即使儿童贫困测算没有成为政策目标，但仍不失为监控孩子生存状态的重要依据。如果需要确定设立政策目标，那么在讨论过

图表终-2 联合国儿童基金会报告中的儿童幸福指数

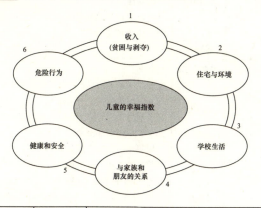

物质方面的健康生活	金钱剥夺	儿童的相对贫困 儿童相对贫困的差距
	物质剥夺	儿童剥夺率［以下项目的有或无：保证一日3餐、一日至少摄入1次蔬菜和水果、一日至少摄入1次肉和鱼、孩子阅读用书籍、户外用玩具（自行车等）、休闲娱乐（游泳、音乐等）室内玩具（积木等）、校外补习、学习房间、网络、不旧的衣服、至少两双鞋子、在家接待小朋友、庆祝生日］ 家庭物质剥夺率（车、家族旅行、计算机、儿童房间）
健康与安全	出生时的健康 预防死亡的服务	婴儿死亡率 体重不足婴儿的出生率 疫苗接种率 1~9岁的10万人均死亡率

教育	参加情况	学前教育
		15~19岁的继续教育率
		15~19岁的蛰居率
	达成	PISA的分数
行动与风险	健康行动	肥胖率
		在校期间每天用早餐的孩子的比率*
		每天吃水果的孩子的比率*
		每天坚持1小时以上高位运动的孩子的比率*
	风险	20岁之前生产的比率
		一周吸烟一次以上的孩子的比率
		回答醉酒2次以上的孩子的比率*
		最近12个月吸食毒品的孩子的比率*
	暴力	最近12个月发生1次以上肢体冲突的孩子的比率*
		最近几个月遭受欺凌1次以上的孩子的比率*
居住与环境	住宅	人均房间数
		数个住宅问题中选择其中一个的比率（1.屋顶、墙壁、地板等的破损，2.背阴，3.没有浴缸和淋浴，4.没有单独的室内冲便器）
	环境的安全	伤害事故的比率
		大气污染

*11岁、13岁、15岁的孩子

出处：参考UNICEF（2012），有竹泽纯子制作（阿部等，2013）

程中需要重视以下几个问题：1.在社会平均值和儿童贫困指标之间做选择，应选择后者。多数情况下，表现社会整体状态的复合指标不适合消除儿童贫困的数值指标。例如我国儿童整体学习成绩占国际排名前列，并不代表我国贫困阶层儿童的学习成绩高于国外贫困阶层儿童。同样，代表平均水平的指标数值得到改善，但另一个真实侧面则是社会底层孩子们的生存状况在恶化。相对贫困率和剥夺指标是专门测定社会底层生存状态的指标，意义非凡。2.判断某数值是否达标，最好使用一个概括性指标。因为采用数个指标会引发不必要的矛盾，这边指标达标，那边指标反而走低，导致无法评价某段时间内发生的变化。采用的指标测算法最好经过社会科学验证，否则一是得不到国际社会的认可，还会让"已改善"或"恶化"的结论被政治化，二是对指标结果的阐释极易引发社会争论，而这个社会争论的最终落脚点往往是开始质疑目标选择。

儿童贫困的测算指标未来用作数值目标还是用于安全监控，在现阶段尚不明确。为提高被选用的概率，应从现在开始着手完善儿童贫困指标的数据。

第三节 优先顺序

最后，再容我不厌其烦地梳理一下消除儿童贫困的政策提案。这些提案虽均属我个人观点，但如果能为制定消除儿童贫困政策尽微薄之力，将是我至高的荣幸。

首先，从众多政策选项中选中的实施计划应具备如下三个特征：1.效果已在实验阶段得到测定；2.确保有长期收益；3.优先支援特别贫困的孩子。第一、第二个特征可以保证政府财政的安全运转。强调保证项目的收益性，是因为对儿童的投资属于长线投资，孩子长大就业后得到加薪的机会增加，薪金增加就可以多纳税和多缴社会保险费，从而使社会得到投资回报。之所以需要选择注重收益的政策，是因为可以有效地说服对消除儿童贫困政策持有怀疑态度的人。第三个特征，是因为优先支援特别贫困孩子的措施效果理想，富有人道主义精神。

在投给贫困孩子的资源等量的条件下，所处环境越恶劣其产生的效益越大，况且优先支援条件最差的孩子，能引发大多数人的共鸣及支持。不过，实施这项举措的困难在于如何才能保证减贫政策惠及所有"最弱势的孩子"，破解这个难题的办法是实施所有孩子都在支援范围的普惠制度。

普惠制度最大的长处是不漏掉任何一个孩子、社会副作用小、运营成本低、劳动积极性不受影响，是一项长处多、有魅力的政策，短处便是投入费用高。

日本财政中只有二分之一的支出有税收,在此背景下实施针对儿童的普惠制度,可能性极小。既然唯有采用筛选制度,那么,在制度设计阶段就可以将其缺点降至最低,最大限度地选出"处于最不利地位的孩子"。

现金支付

现金支付是消除儿童贫困必备的举措。社会质疑支付的现金并没有直接用在孩子身上,而是花在了"父母"身上,所以不如实物(服务)支付的声音一直很高,但是,我在此明确表示这种观点是错误的。对于孩子来说最重要的是家庭,让家庭环境稳定、生活逐步改善,是消除儿童贫困的最重要课题。

外国和国际机构表述儿童贫困状态时所采用的最重要的指标,是使用收入数据计算而得的相对贫困率,这种做法有其独特意义。首先,家庭经济状况对孩子成长的影响具有决定性作用。有关现金支付和实物支付的长处及短处,在第五章中已做介绍,从专家学者们的各自见解中可以认识到,不能简单地将现金支付与实物支付互相替代,两者只居其一,消除儿童贫困需要现金和服务双管齐下。

对现金支付持反对意见的人批判现金支付是"盲目撒钱""财源规模过大",因此,为慎重起见,现金支付的设计要缜密、完美。我认为在现金支付和实物支付之间应优先考虑现金支付,这样能避免一度下降了的贫困率发生逆转。如第五章所示,杜绝"儿童贫困率反弹"是福祉国家应尽的责任。

另外,在这个杜绝逆转的战略中务必不漏掉单亲家庭的贫困率。再次强调一下,日本的母子单亲家庭贫困率,在经合组织国家中是最高的,约占50%,父子单亲家庭的贫困率也超过30%,不得不说单亲的孩子们"身处最差环境中"。如果单亲家庭贫困率的反弹没有得到有效遏制,日本儿童减贫工作的"进步""效果"就无从谈起。此外,还应改善婴幼儿家庭的经济条件,婴幼儿受家庭影响最直接、程度最深,现金支付应最大限度地倾向他们。现行的儿童津贴倾向未满3岁的儿童,希望今后扩大津贴范围。

实物支付

实物(服务)支付向所有儿童开放,具有鲜明的普惠特征。尽管如此,依然需要一个大范围支付的制度设计,以保证每个"条件最差的儿童"都能获得实物支付。保证制度设计发挥理想效果的有效做法，是放弃在收入上设限的筛选方法，采用更合适的筛选方法。例如，在教育领域，不同学区根据各自情况进行筛选，因为地区政府教育委员会有就学援助费领取率的第一手资料，清楚每个学校、每个地区的贫困孩子的分布情况，地方政府可以精准地增加贫困孩子多的地区的预算，也能较快地增加人员配置，还能准确地按学校类型进行筛选，同时，可以增加非全日制高中和中学夜校的预算；如果按儿童福祉筛选，可以大幅加大对儿童养护中心、自立支援之家、儿童咨询所等传统"贫困第一线"的资源投入，这些措施的实施也可以得到市民的理解和支持。在《消除儿童贫困法》已经实施的今天，应该大力推行这些筛选方法。

此外，希望各地区致力于儿童之家（放学后项目）、导师项目的建设。因为这些项目的费用与效果的性价比较高，此结论已在外国得到证实，在日本的实验阶段也收到了良好效果。

从学校到就业的过渡期间，为孩子保驾护航是必不可少的。许多孩子在没做任何准备的情况下便轻率地踏入了社会劳动市场，这种状态必须改变。为此，我们应竭尽全力让这些孩子掌握自我保护的知识、了解劳动章程及社会保障制度，替孩子们完成与雇用方的对接，安排他们参加实习、接受职业培训，做雇主的思想工作，等等。从不谙世事的孩子到具备独立生存能力的成人，在这个过渡期间潜伏着各种凶险，一失足酿成千古恨的风险极大，为这些孩子采取保护措施势在必行。

消除儿童贫困政策所惠及的范围只停留在孩子层面上是远远不够的，站在保护孩子的立场上考虑也应该让父母受惠，为父母提供服务。《消除儿童贫困法》的条款规定，只有在孩子就业方面，父母才可以获得援助。父母的状态决定孩子的成长高度，如果消除儿童贫困政策的目的是"支援儿童生活"，那么，与此同时就有必要为父母提供帮助，解除他们的后顾之忧。为此，首先需要制作一套完整的支援菜单，从孕期检查、全面支持父母的生活到特别援助患有精神疾患和各种药物依赖症的父母等等。教育机构和福祉机构很难察觉到"父母健康方面出现问题"，精神疾患医疗机构与职业介绍所等不会主动去了解患者的家庭成员及经济状况等。教育机构和福祉机构作为直接与贫困家庭父母面对面接触的组织，应该担当起为养育孩子的家庭保驾护航的责任。

第四节 结束语

《消除儿童贫困法》重视研究的条款,让学者们备感鼓舞,它明确强调在制定大纲之际要基于对儿童贫困的调查结果及研究成果。儿童贫困研究的光明前景值得期待。本书中的每个章节都涉及了儿童贫困方面存在的许多有待解决的问题,如儿童期的贫困对孩子成长的影响、众多消除儿童贫困政策中哪个更有效等,特别需要指出的是终章提出的问题:在日本研究领域里,缺少儿童贫困政策及其效果的历史资料。

本书的论述主要采用美国的研究成果,这些成果肯定不适合日本。因此,我们的社会政策、教育学、儿童心理学、社会学、医学、经济学等诸多领域要齐心合力共同致力于消除儿童贫困。我希望这本书的出版能为这项工作尽微薄之力,我的观点若能得到大家的认同,我将感到无上荣幸。

后　记

我在2008年出版的著作《儿童的贫困》的后记中这样写道：希望自己整理完成儿童贫困数据，且让普通人也能一目了然，这个数据整理是我今后研究的课题。

现在回头想想，当时的想法过于天真，为此我无时无刻不在自我反省。5年来我以贫困儿童为主题演讲100多场，从国会到经济团体、普通市民集会，能去的地方都去了，无一遗漏，每次演讲最令我感到无奈之处是，手头缺乏令人信服的数据。近几年，通过各种书籍及媒体报道，"日本儿童贫困"的现实逐渐被社会接受。今天的问题不在于如何说服大众、让大众承认儿童贫困已发展成为社会问题，而在于如何消除儿童贫困，找到儿童贫困问题的出路。

本书因数年来的反思而生。当初岩波书店的企划案是以《儿童的贫困》续集的形式出版，内容以妇女贫困和老年人贫困为主。妇女贫困和老年人贫困问题很严重,这一点是不容置疑的,客观数据也是少而又少,就续集而言,的确应该出版相关书籍让大众了解问题的严重程度。但是,我还是斗胆提出了反对意见,请求出版社出版有关介绍消除儿童贫困政策的书籍。借此机会,我深深感谢出版社的本书负责人上田麻里女士,是她的不懈努力让这本内容晦涩、主题沉重的书的出版企划得以通过并顺利出版。

从某种意义讲,本书的内容比较特殊。虽说是以儿童的贫困为主题,但从第三章开始,以解决社会问题为目的的社会政策论的介绍占据了上风。项目计划的对象选择及评估方法等常见于支援发展中国家的计划管理中。但是,有关解决日本社会问题的方法论书籍却很少出现在书店的书架上,而经常看到的有关日本社会问题的书籍只是对问题进行了叙述而已。日本需要的不仅仅是对问题的描述,还需要能启发人们发现和解决问题的方法。为此,这5年里我一直处于如何找到解决问题的方法的焦虑状态。

出人意料的是,这个"解决方法"如此受到大家的追捧。2013年6月国会通过了《消除儿童贫困法》,消息传来真是石破天惊,我当时的欢喜之情难以言表。惊喜过后,如何推进实施的新问题摆在面前,至今仍无明确的解决方案,令我焦虑万分。万分无奈之下,决定不遗余力地将现有的见解付梓成书,以抛砖引玉。

最令我痛心的是书中没能够给出"答案"。之所以没有公开答案,是因为腹稿答案实在不成熟,羞于分享给大家。尽管见解如此不完美、不成熟,我还是期待通过与岩波新书合作与读者分享感想。众人拾柴火焰高,来自读者的"不是这个样子""我的经历是这个样子""还有这样的思考方法"等反馈,都是珍贵的能量,只要大家齐心合力,在不远的将来也许就能发现成熟的答案。这就是我推出这本书的初衷。

以上部作品《儿童的贫困》为媒介,我结交了许多日常没有交集的、众多领域的朋友。对社会保障领域的研究者而言,与教育学、儿童心理学、小儿医学、营养学、公众卫生学等方面的学者专家,很难有沟通的机会,这本书成为我与他们接触、讨论、共同探讨的桥梁。此外,还与保育所、幼儿园、中小学、高中、儿童养护设施、儿童咨询所的从业人员结成了合作伙伴。另外,还收到许多来自普通市民的鼓励信件与温馨留言。

孩子是社会的重要堡垒。

众多成年人与孩子有过或多或少的接触,孩子问题牵动大多数人的心。我相信,只要我们携手应对,就一定能解决儿童的贫困问题。

最后,借此机会感谢曾经工作过的内阁官房社会包容推进室的工作人员。推进室从组建到撤销只有短暂的两年,相关官员就推出了日本首个社会包容政策,他们默默付出的艰辛一定会在日本社会政策史册中留下闪光的一笔,我为作为其中一员参与了相关工作而备感骄傲和自豪。推进室未竟的事业现在还在推进着,我希望这些工作能善始善终。此外,2011年度的科研项目"社会排斥进程——从实例考察年轻人遭排斥的过程"的专家们,给了我许多宝贵意见,我将其写进了本书中。在此一并表示由衷的感谢。

最后感谢一直默默给予我支持的丈夫和孩子,希望我的孩子们某一天读到这本书,并为他们母亲的工作感到自豪和骄傲。

2013年11月　阿部 彩

主要引用和参考文献

＊本文のなかで言及した文献をはじめ執筆にあたって主に参考にしたものをあげた(和書・洋書, それぞれ刊行年順に配列).

ピエール・ブルデュー, ジャン＝クロード・パスロン, 宮島喬訳(1991)『再生産(教育・社会・文化)』藤原書店.

苅谷剛彦(2001)『階層化日本と教育危機——不平等再生産から意欲格差社会へ』有信堂高文社.

吉川徹(2006)『学歴と格差・不平等——成熟する日本型学歴社会』東京大学出版会.

近藤克則編(2007)『検証「健康格差社会」』医学書院.

東京大学大学院教育学研究科大学経営・政策研究センター(2007)「高校生の進路追跡調査 第1次報告書」.

松本伊智朗(2007)「子ども——子どもの貧困と社会的公正」青木紀・杉村宏編著『現代の貧困と不平等——日本・アメリカの現実と反貧困戦略』明石書店.

阿部彩(2008)『子どもの貧困——日本の不公平を考える』岩波新書.

OECD編著, 高木郁朗監訳・麻生裕子訳(2008)『図表でみる世界の社会問題2——OECD社会政策指標』明石書店

厚生労働省保険局国民健康保険課(2008)「「資格証明書の発行に関する調査」の結果等について」2008年10月30日.

西村幸満(2008)「減少する自営業の現在——初職と現職の職業選

およぶ諸影響』光文社新書.

青砥恭(2009)『ドキュメント高校中退――いま,貧困がうまれる場所』筑摩書房.

厚生労働省(2009)「子どもがいる現役世帯の世帯員の相対的貧困率の公表について」報道資料,2009年11月13日.

子どもの貧困白書編集委員会編(2009)『子どもの貧困白書』明石書店.

吉川徹(2009)「学歴分断社会」『子どもの貧困白書』明石書店.

駒村康平(2009)『大貧困社会』角川SSコミュニケーションズ.

全日本教職員組合養護教員部(2009)『保健室から見える子どもの貧困の実態』.

耳塚寛明(2009)「お茶の水女子大学委託研究・補完調査について」文部科学省全国学力・学習状況調査の分析・活用の推進に関する専門家検討会議第13回資料2,2009年8月4日.

相田潤(2010)「口の中にも経済・教育格差」『月刊保団連』1018,p. 17-21.

阿部彩(2010)(共著,主査:神野直彦,協力:木村剛)「「貧困・格差に起因する経済的損失の推計」作業チーム中間報告書:貧困層に対する積極的就労支援対策の効果の推計」厚生労働省ナショナルミニマム研究会資料,2010年6月18日.

厚生労働省(2010)「生活保護基準未満の低所得世帯数の推計について」厚生労働省ナショナルミニマム研究会第8回資料3-1,2010年4月9日.

セーブ・ザ・チルドレン・ジャパン(2010)「子どもの貧困に関する全国意識アンケート調査を実施:SOAP(2010. 10. 15)」.

阿部彩(2011)「「21世紀出生児縦断調査」の分析」厚生労働科学研究費補助金事業(政策科学総合研究事業(政策科学推進研究事業))『貧困・格差の実態と貧困対策の効果に関する研究平成22年度報告書』(研究代表者:阿部彩).

阿部彩(2011)「子ども期の貧困が成人後の生活困難(デプリベーション)に与える影響の分析」『季刊社会保障研究』46(4), p. 354-367.

阿部彩(2011)「子ども期の貧困と成人期の生活困難」国立社会保障・人口問題研究所編『日本社会の生活不安』慶應義塾大学出版会.
厚生労働省(2011)「平成22年国民生活基礎調査の概況」.
内閣府(2011)「若者の意識に関する調査(高等学校中途退学者の意識に関する調査)報告書(解説版)」.
内閣府(2011) 男女共同参画会議基本問題・影響調査専門調査会女性と経済ワーキンググループ，第8回資料3，2011年12月20日.
野口晴子(2011)「社会的・経済的要因と健康との因果性に対する諸考察——「社会保障実態調査」および「国民生活基礎調査」を用いた実証分析」『季刊社会保障研究』46(4), p. 382-402.
盛山和夫(2011)「階層的不平等研究の最近の動向と課題」『海外社会保障研究』177, p. 52-64.
阿部彩(2012)「2011年社会必需品調査結果(くらしに関する意識調査)」厚生労働科学研究費補助金事業『貧困・格差の実態と貧困対策の効果に関する研究平成23年度総括研究報告書』.
岡部卓(2012)「貧困の連鎖防止に向けて——神奈川県調査報告を通して」報告会資料，2012年5月18日.
金融広報中央委員会(2012)「家計の金融行動に関する世論調査[二人以上世帯調査]平成24年調査結果」.
工藤文三(2012)「学級編制と少人数指導形態が児童の学力に与える影響についての調査 報告書」国立教育政策研究所.
厚生労働省(2012)「平成23年度全国母子世帯等調査結果報告」.
国立教育政策研究所(2012)「不登校・長期欠席を減らそうとしている教育委員会に役立つ施策に関するQ&A」.
菅原ますみ編(2012)『子ども期の養育環境とQOL』お茶の水女子大学グローバルCOEプログラム格差センシティブな人間発達科学の創成1，金子書房.
内閣府子ども若者・子育て施策総合推進室(2012)『親と子の生活意識に関する調査報告書』.

石田浩(2012)「相対的貧困世帯と親及び子の行動と意識」内閣府子ども若者・子育て施策総合推進室『親と子の生活意識に関する調査報告書』.

日本学生支援機構の在り方に関する有識者検討委員会(2012)「独立行政法人日本学生支援機構の在り方に関する有識者検討会報告書」.

文部科学省(2012)「「児童生徒の問題行動等生徒指導上の諸問題に関する調査」結果について」2012年9月11日.

文部科学省(2012)「平成22年度子どもの学習費調査結果について」2012年2月.

阿部彩(2013)「子どもの健康格差の要因——過去の健康悪化の回復力に違いはあるか」『医療と社会』22(3), p. 255-269.

阿部彩(2013)「サービスにおけるナショナルミニマム——「どのようなサービスが提供されるべきか」に関する社会的合意」国立社会保障・人口問題研究所『社会サービスにおけるナショナルミニマムに関する研究中間報告書』.

阿部彩ほか(2013) 厚生労働科学研究費補助金事業(政策科学総合研究事業(政策科学推進研究事業))「貧困・格差の実態と貧困対策の効果に関する研究平成24年度報告書別冊「先進諸国における貧困指標の状況」」(研究代表者:阿部彩).

稲垣誠一・小塩隆士(2013)「初職の違いがその後の人生に及ぼす影響——LOSEF個票データを用いた分析」『経済研究』64(4), p. 289-302.

厚生労働省(2013) 社会保障審議会生活保護基準部会資料2, 2013年10月4日.

厚生労働省職業能力開発局キャリア形成支援室(2013)「「地域若者サポートステーション」事業の今後の在り方に関する検討会報告書」.

国立教育政策研究所(2013)「「学級規模の及ぼす教育効果に関する研究」報告書の作成について」報道発表, 2013年3月29日.

国立社会保障・人口問題研究所(2013)「社会保障統計年報平成25年版」.

近藤克則編著(2013)『健康の社会的決定要因——疾患・状態別「健康格差」レビュー』日本公衆衛生協会.

全国学童保育連絡協議会(2013)「5年ぶりの学童保育の詳細な全国調査報告——課題が山積する学童保育の現状,急がれる量的・質的拡大」報道資料, 2013年3月29日.

東京大学教育学部附属中等教育学校編(2013)『ふたごと教育——双生児研究から見える個性』東京大学出版会.

長崎新聞「生活保護の青壮年 4分の1が子ども時代も受給「貧困の連鎖」判明 長崎市調査」2013年6月14日朝刊.

北海道新聞(2013)「不登校をしてもその後半数は進学や就職」2013年9月7日.

水野和夫・大澤真幸(2013)『資本主義という謎——「成長なき時代」をどう生きるか』NHK出版.

文部科学省(2013)「定時制・通信制課程について」「定時制課程・通信制課程高等学校の現状」中央教育審議会初等中等教育分科会高等学校教育部会第19回配布資料2-1, 2-2, 2013年5月23日.

文部科学省(2013)「都道府県別・市町村別の教育・社会・経済指標データセット」.

文部科学省(2013)「平成23年度要保護及び準要保護児童生徒数について(学用品費等)」.

文部科学省(2013)「平成25年度学校基本調査(速報値)の公表について」報道発表, 2013年8月7日.

阿部彩・埋橋孝文・矢野裕俊(近刊)「大阪子ども調査 結果の概要」文部科学研究費(基盤研究B)「貧困に対する子どものコンピテンシーを育む福祉・教育プログラム開発」(2011~13年度研究代表者:埋橋孝文).

Duncan, Greg J. & Jeanne Brooks-Gunn, eds.(1997) *Consequences of growing up poor*, Russell Sage Foundation.

Axinn, William, Greg J. Duncan, and Arland Thornton(1997) "The Effects of Parents' income, wealth, and attitudes on children's completed schooling and self-esteem," Duncan & Brooks-Gunn eds., ibid., pp. 518–540.

Conger, Rand D., Katherine Jewsbury Conger & Glen H. Elder, Jr.(1997) "Family Economic Hardship and Adolescent Adjustment: Mediating and Moderating Processes," Duncan & Brooks-Gunn eds., ibid., pp. 288–310.

Corcoran, Mary and Terry Adams(1997) "Race, Sex, and the Intergenerational Transmission of Poverty," Duncan & Brooks-Gunn eds., ibid., pp. 461–517.

Duncan, Greg J. & Jeanne Brooks-Gunn(1997) "Income Effects Across the Life Span: Integration and Interpretation," Duncan & Brooks-Gunn eds., ibid., pp. 596–610.

Lipman, Ellen L. & David R. Offord(1997) "Psychosocial Morbidity Among Poor Children in Ontario," Duncan & Brooks-Gunn eds., ibid., pp. 239–287.

Korpi, Walter & Joakim Palme(1998) "The Paradox of Redistribution and Strategies of Equality: Welfare State Institutions, Inequality, and Poverty in the Western Countries," *American Sociological Review* 63(5), pp. 661–687.

Case, A., D. Lubotsky, et al.(2002) "Economic Status and Health in Childhood: The Origins of the Gradient," *The American Economic Review* 92(5), pp. 1308–1334.

Clark-Kauffman, Elizabeth, Greg J. Duncan and Pamela Morris (2003) "How Welfare Policies Affect Child and Adolescent Achievement," *The American Economic Review*, 93(2), pp. 299–303.

Currie, J. and M. Stabile(2003) "Socioeconomic Status and Chlid Health: Why Is the Relationship Stronger for Older Children?" *The American Economic Review* 93(5), pp. 1813–1823.

Lareau, A.(2003) *Unequal childhoods: Class, Race, and Family Life*, Berkeley, University of California Press.

Fraser, Mark W. ed.(2004) *Risk and Resilience in Childhood:*

An Ecological Perspective, 2nd ed., National Association of Social Workers, Inc.(マーク・フレイザー編著, 門永朋子・岩間伸之・山縣文治訳『子どものリスクとレジリエンス――子どもの力を活かす援助』ミネルヴァ書房, 2009 年).

Bowles, Samuel, Herbert Gintis & Melissa Osborne Groves (2005) *Unequal Chances: Family Background and Economic Success*, New York, Russell Sage Foundation.

Groves, Melissa Osborne(2005) "Personality and the Intergenerational Transmission of Economic Status," in Bowles, Samuel, Herbert Gintis & Melissa Osborne Groves(2005) *Unequal Chances: Family Background and Economic Success*, New York: Russell Sage Foundation, pp. 208-231.

Heckman, J. and A. Krueger(2005) *Inequality in America : What Role for Human Capital Policies?*, The MIT Press, Cambridge, MA.

Schweinhart, Lawrence J., Jeanne Montie, Zongping Xiang, William S. Barnett, Clive R. Belfield & Milagros Nores(2005) *Lifetime Effects: The High/Scope Perry Preschool Study Through Age 40*, Monographs of the High/Scope Educational Research Foundation 14, High Scope Press.

Wilkinson, Richard(2005) *The Impact of Inequality : How to Make Sick Societies Healthier*, The New Press(リチャード・G・ウィルキンソン, 池本幸生・片岡洋子・末原睦美訳『格差社会の衝撃――不健康な格差社会を健康にする法』東洋経済新報社, 2009 年).

Currie, Janet and Firouz Gahvari(2008) "Transfers in Cash and in-kind: Theory meets the data," *Journal of Economic Literature*, 46(2), pp. 333-383.

Abe, Aya(2010) "Deprivation and Earlier Disadvantages in Japan," *Social Science Japan Journal* 13(1), pp. 5-31.

Levine, P. B. & D. J. Zimmerman(2010) *Targeting Investments in Children: Fighting Poverty When Resources Are Limited*,

University of Chicago Press.

Loeb, Susanna and Patrick J. McEwan (2010) "Education Reforms" in Levine & Zimmerman *Targeting Investments in Children*, University of Chicago Press, pp. 145–180.

Oshio, T., S. Sano & M. Kobayashi (2010) "Child Poverty as a Determinant of Life Outcomes: Evidence from Nationwide Surveys in Japan," *Social Indicators Research* 99, pp. 81–99.

Duncan, Greg J., Kjetil Telle, Kathleen M. Ziol-Guest & Ariel Kalil (2011) "Economic Deprivation in Early Childhood and Adult Attainment: Comparative Evidence from Norwegian Registry Data and the U. S. Panel Study of Income Dynamics," Smeeding, Timothy M., Robert Erikson & Markus Jantti eds., *Persistence, Privilege, and Parenting*, Russell Sage Foundation, pp. 209–234.

Kenworthy, Lane (2011) *Progress for the Poor*, Oxford: Oxford University Press.

United Nations Children's Fund (UNICEF) (2012) "Measuring child Poverty: new league tables of child poverty in the world's rich countries."

Bailey, Martha J. & Sheldon Danziger eds. (2013) *Legacies of the War on Poverty*, Russell Sage Foundation, pp. 66–92.

Organization for Economic Co-operation & Development (OECD) (2013) *Education at a glance 2013*, OECD.

Oshio, Takashi, Maki Umeda and Norito Kawakami (2013) "Childhood adversity and adulthood subjective well-being: Evidence from Japan," *Journal of Happiness Studies*, 14(3), pp. 843–860.

United Nations Children's Fund (UNICEF) (2013) *Child Wellbeing in rich countries: a comparative overview* (Innocenti Report Card 11), Florence: UNICEF.

Fujiwara T (2014) "Socioeconomic status and the risk of suspected autism spectrum disorders among 18-month-old toddlers in Japan: A population-based study," *Journal of Autism and Developmental Disorders*, 44(6), pp. 1323-1331.

関連ウェブサイト

国立社会保障・人口問題研究所ホームページ「社会保障統計年報データベース」 http://www.ipss.go.jp/ssj-db/ssj-db-top.asp

国立社会保障・人口問題研究所ホームページ「生活保護に関する統計」 http://www.ipss.go.jp (last access 2013/10/23)

厚生労働省(2012)「貧困の連鎖の防止(安心・安全な社会の実現)」 http://www.mhlw.go.jp/wp/yosan/yosan/12syokan/dl/saisei_youbou_27.pdf

厚生労働省(2013)「社会的養護の施設等について」 http://www.mhlw.go.jp/bunya/kodomo/syakaiteki_yougo/01.html (last access 2013/10/27)

社会的排除リスク調査チーム(阿部彩ほか)(2012)「社会的排除にいたるプロセス——若年ケース・スタディから見る排除の過程」内閣官房社会的包摂推進室 http://www.mhlw.go.jp/stf/shingi/2r9852000002kvtw-att/2r9852000002kw5m.pdf

セーブ・ザ・チルドレン・ジャパン「子どもの貧困に関する全国意識アンケート調査を実施：SOAP」(2010年10月15日) http://www.savechildren.or.jp/scjcms/sc_activity.php?d=164 (last access 2013.10.16)

文部科学省「定時制・通信制課程について」 http://www.mext.go.jp/b_menu/shingi/chukyo/chukyo3/047/siryo/_icsFiles/afieldfile/2013/07/12/1336336_1.pdf

文部科学省(2012)「平成22年度子どもの学習費調査」 http://www.mext.go.jp/b_menu/toukei/chousa03/gakushuuhi/kekka/k_detail/1316220.htm (last access 2013/10/27)

Big Brothers Big Sisters (BBBS) (2013) "Nationwide Strategic Update" January 2012 http://www.bbbs.org (last access 2013/10/22)

Coalition for Evidence-Based Policy (CEBP) (2012) "Top Tier

Evidence Initiative: Evidence Summary for areer Academies."
http://toptierevidence.org/wp-content/uploads/2012/11/Career-Academies-updated-summary-for-release-11-2012-1.pdf(last access 2013/10/22)

UNICEF(2010) Measuring child poverty: New league tables of child poverty in the world's rich countries(Report Card 10), UNICEF Innocenti Center: Florence. http://www.unicef.or.jp/library/pdf/labo_rc10.pdf(last access 2013.10.16)